마음공부와 선

마음공부와 선 禪

관음수행법 觀音修行法

• 김성갑 지음 •

운주사

깨달음은 법력法力이다. 법력이 없는 깨달음은 환상에 불과하다. 아무리 출중한 스승의 인가가 있다 해도, 그들의 스승 역시도 법력이 없다면 착각도사일 뿐이다. 그렇다면 법력이란 무엇인가? 법력은 맑음이다. 우리는 보통 맑음을 생각할 때, 수심이 깊은데도 불구하고 바닥에 있는 돌과 모래가 훤히 보이는 수정 같은 맑은 물을 연상하게 된다. 그러나 맑음은 투명하거나 깨끗하고 고결한 것이 아니라 우주창조의 에너지, 즉 순수자연을 말한다.

법력은 청정에서 나오며 청정은 마음을 비우는 것에서 시작된다. 마음을 작게 작게 가질 때 맑음이 드러난다. 금욕이나 채식, 생명의 존중은 수행자의 근본이다.
하지만 육체적 맑음은 상징일 뿐이며 법력의 의미는 없다. 깨달음은 순수자연(청정)의 파장이고 법력의 지속이며 후학들에게 맑음을 전등할 수 있는 능력이다.

불전에서는 법력에 대해 이렇게 말한다.

"먼저 자신의 마음을 청정하게 하고 나서
다른 사람도 청정하게 해주며,
먼저 자신이 피안으로 건너가 다른 사람도 건너게 해주며,
먼저 자신이 해탈하고 나서 다른 사람도 해탈케 해주며,
먼저 자신이 니르바나에 도착하고 나서
다른 사람도 니르바나에 도착케 하는 것이 불력佛力이다."

그런데 마음을 비우는 것은 도대체 어떻게 하는 것인가? 누구는 하심下心을 말하기도 하고 또 역지사지易地思之라고 하기도 하는데, 그렇게 하면 저절로 맑음이 오는 걸까?
원수를 사랑하고 이웃을 내 몸처럼 사랑하라지만 그게 뜻대로 되지 않는다. '눈 감으면 코 베어가는' 이 각박한 현실, 살인귀(?)들이 길을 가는 행인들에게 묻지마 비수를 휘두르는데 누구를 위해서 용서해야 하고, 봉사해야 하며, 관용을 베풀어야 할까……

성경은 뱀처럼 지혜로움을 강조하며 거룩한 것을 욕되게 하지 말 것을 경고하고 있다.

"거룩한 것을 개에게 주지 말고 진주를 돼지에게 던지지 말라. 그것들이 발로 그것을 짓밟고 돌아서서 너희를 물어뜯을지 모른다."(마태오 6:7)

마음을 비운다는 것은 생물학적인 나, 동물적 본능을 억제하거나 자제한다는 것이다. 하지만 고급 수행자의 입장에서는 또 다른 견해가 성립된다.
곧 나의 의식을 쉬게 하는 일이다. 의식은 자아(에고)의 주인공이다. 그리고 자아는 생각의 출발점이다. 생각, 생각을 쉬게 하는 것이 곧 마음을 비우는 왕도王道다.

생각을 쉬게 하는 것은 정신통일뿐이다. 교회의 기도나 염불도 종교적인 지향을 빼고 나면 정신통일이다. 하지만 종교적 이데올로기 혹은 특별한 수행기법의 실천은 의식이 작동함으로 인해 '인위'가 된다.
따라서 그들의 최대 장점인 마음의 평화와 고요는 '믿음의 암시'나 '전통적 수행기법'에 의한 자기최면일 수도 있다.

선禪에서 무주無主와 무착無着과 무상無想을 강조하는 까닭은 무위無爲만이 순수자연과 소통하여 삼매로 진입할 수 있기 때문이다. '구하지 말고 의지하지 말며 상을 짓지 말라.'는 조사들의 법어는 일반적 무심이 아닌, 반드시 무위일 때 지혜와 통찰력을 얻을 수 있음을 설명하고 있는 것이다.

이 책이 나오기까지 일심으로 도와주신 서울치대 연구원장 홍삼표 교수님, 부산 사하구청 이경훈 청장님, 그리고 교정을 도와주신 본회 법사님들의 노고에 감사의 말씀 드리며, 아울러 졸서拙著를 아껴주시는 여러 애독자님들께 심심한 사의를 표합니다.

계사년 오월 인사동 우거에서

1.

정신수양

철학은 존재의 근원을 탐구하는 것이다. 더구나 가르치는 것에 그치지 않고 존재방식 자체를 통해 자신이 가르치는 것을 재현하는 것이 철학의 기본이다.

그런데 철학에 대한 이러한 개념은 대다수가 종교적 양상과 결부되어 있다. 고대 철학은 대부분 개인적 구원 형식이었기 때문에 대개의 경우 그러한 종교적 차원을 내포하고 있었다.

철학과 구원의 합일점이 종교다. 그들은 교리를 만들어내는 동시에 스스로가 그 교리의 구현자가 되고자 하는 이중적인 욕구가 항상 있었다. 그래서 철학과 신학이 같은 길을 가는 것으로 생각하기가 쉽다. 그러나 시대가 흐르면서 종교와 현대철학은 서로 각기 길을 달리 하고 있다.

신앙의 종교는 믿음이 주가 된다. 신자 스스로 교리를 믿어야 하는 것이 불문율이다. 수준 높은 형이상학적 교리의 참뜻을 굳이 재발견할 필요가 없다. 종교를 달리 말한다면 '맹목적인 신앙행위에 의해 받아들여진 어떤 교리에 집착하는 행위'라고 표현할 수 있다.

만약 종교라는 것이 신자 스스로 그 교리의 참뜻을 재발견할 필요가 없거나, 맹목적인 신앙행위에 의해 받아들여진 어떤 교리에 집착하는 것만을 의미한다면 곧 기복신앙이 된다.

이와는 반대로 철학은 과학의 바탕 위에 비평을 우선하며 믿음의 신앙을 비과학으로 몰아세우고 있는 추세다. 그러면 종교는 필요악이며 철학만이 과학적인가? 물론 그렇진 않다. 굳이 그것을 논하자는 얘기는 아니다.
종교가 지향하는 사랑과 자비가 인류의 현재와 미래를 책임지고 있는 것 또한 사실이다. 다만 여기서는 정신세계의 엘리트집단을 위한 수행법을 설명하고자 할 따름이다.

그렇다면 철학만이 인류를 구할 수 있다는 말인가? 종교는 믿음
으로, 그리고 철학은 비판이 아닌 비평으로 자기 책임을 다한다.
하지만 마음공부와 선은 믿음도 아니요 비평도 아니다.
이들은 몸소 실천함으로써, 오직 있는 모습 그대로를 보는 것으
로, 선입견과 분별심을 배제한다. 따라서 주관적 견해를 벗어나
는 것을 전제로 한다.

🝓 불교의 선과 서구의 명상

불교의 선禪과 서구의 명상은 어떻게 다른가? 그들은 같은 길이
면서도 차이점이 있다. 일반인과 달리 재물만을 지향하는 틀에
박힌 세속적 삶보다는 영적인 훈련에 의해 근본적으로 자신의 삶
을 바꾸는 행위는 둘 다 동일하다.
또 물질에 대한 염세주의적 거부, 보살(천사)이나 순수본질과
같은 영적인 영역으로 도피하고자 하는 열망 등도 같다고 볼 수
있다.

명상은 자기성찰을 통하여 인간적인 내일의 삶을 준비하는 과정이다. 곧 영혼의 휴식이라는 표현이 어울릴 것이다. 그러나 불교의 선은 생로병사의 물줄기를 거슬러 '나는 것은 필히 멸해야 하는(是生滅法)' 현상계를 초월한 깨달음을 향한 길이다. 그것은 '나는 것도 없고 멸하는 것도 없는(不生不滅)' 절대계를 향한 몸부림이다.

비교하자면, 서구명상이 자아의 의식을 관조하며 성찰하는 자세라면 불교의 선은 목적과 지향보다는 의식의 통제로부터 얻어지는 순수자연으로의 회귀다. 얼핏 보면 그게 그것 같지만 의식의 관조와 의식의 통제는 그 결과물이 전혀 다르다.

따라서 불교는 의식을 통제하는 방법에 대해 교학으로 이론과 수행의 기법들을 자세히 나열하고 있다.
하지만 석가 부처께서는 수많은 설법을 했음에도 불구하고 "나는 한마디의 말도 하지 않았다!"며 오직 한 길, 선으로 귀결하고 있다. 그러나 교教를 모르고는 선禪을 이해할 수 없다.

고집멸도

석가 부처의 8만4천 경전 중에 그 깨달음의 핵심은 고집멸도 4성
제이다.

> "내가 지금 고집멸도를 풀이하노니
> 고苦라 함은 더 없는 고통의 이름이요,
> 집集이라 함은 더 없는 번뇌의 이름이요,
> 멸滅이라 함은 더 없는 해탈의 이름이요,
> 도道라 함은 더 없는 다다름의 이름이니라."
> (『대반열반경』 가섭보살편)

석가는 삶을 고해苦海라 했다. 생로병사生老病死, 몸이 나고 병들
고 죽는 것이 괴로움이라는 것이다. 모두가 괴로움이라면 태어
나서부터 즐겁게(?) 살다가 마치는 날까지 몽땅 괴로움이라는
뜻이다.
그리고 이렇게 네 가지 고苦의 삶 가운데서 일어나는 또 다른 네
가지 괴로움을 더 말했다. 그래서 모두 여덟 가지 괴로움(八苦)이
라고 한다.

사랑하는 사이에 헤어져야 하는 괴로움, 원망하고 미워하면서 만나야 하는 괴로움, 구해도 얻지 못하는 괴로움, 육신의 삼독(三毒, 탐진치)이 왕성한 괴로움이다.

현실적 고통

불교는 행복과 고통의 메카니즘에 대하여 예리하게 분석하고 분해한다. 고통은 무엇에서 비롯되며 그 원인은 무엇인가? 또 그것을 어떻게 치유할 것인가?
온갖 분석과 성찰을 통하여 조금씩 뿌리 깊은 고통의 근본 원인을 향해 접근해 간다. 이것은 불교 신자든 아니든 모든 사람들의 관심의 대상이며 현대 심리학의 존재 이유이기도 하다.

고통은 도대체 어디서 오는 것일까? 인간은 동물들과는 달리 원초적 본능인 식색食色 외에도 수없는 고통을 감내하고 있다. 그러고 보면 고통은 까닭이 있는 '불만족의 심리상태'다.
원하는 것을 얻지 못할 때와 원하지 않는 것을 수용해야만 할 때다. 이것은 육체적 고통을 뜻하기도 하지만 무엇보다 정신적 고통의 체험이기도 하다.

고통은 우리가 소중히 여기고 살찌우는 '자아自我'가 위협을 받거나 그것을 얻지 못할 때 일어난다. 분명한 것은 하나의 동일한 상황 앞에서 사람마다 느끼는 방식이 서로 다를 수 있다는 사실이다.

가장 강렬한 육체적 고통도 우리의 정신자세에 따라 매우 다른 방식으로 체험될 수 있다. 예를 들면 애국지사나 종교적 순교자들의 행위는 고통 그 자체가 환희(?)일 수도 있다.

그러나 대부분의 사람들은 그렇지 못하다. 인간은 육신을 가지고 사는 동안 내내 세속적인 목적(부와 권력)을 추구하기 때문에 언제나 부족하다고 생각한다.

결론적으로는 부족함이 고통이다. 서민들이야 말할 필요도 없지만 권력층이나 재벌들도 마찬가지로 자신들이 가진 것에 대해 결코 만족하다는 생각을 갖지 않는 것 같다. 분식회계나 횡령으로 구속되는 재벌총수의 뒷모습은 참으로 씁쓸하다.

권력과 부, 명예와 쾌락 따위는 삶의 목적인 동시에 인간이 추구하는 최고의 희열이다. 하지만 이들은 잠깐 동안 만족을 가져다줄 수 있을지언정 결코 영원할 수는 없다.

권불십년權不十年이라 했던가! 그래서 얼마 지나지 않아 곧 불만으로 바뀐다.

이 세상에 영원한 행복은 없는 것인가? 영원한 충만감이나 혹은 외적인 어떤 상황에도 깨지지 않는 내면의 평화를 가져다 줄 수 있는 방법은 정말 없는 것일까?…

이러한 불만 상태는 조건에 제약된 현상계의 특징이다. 현실은 본래 일시적이고 한시적인 만족만을 가져다주는 것으로 상대적 존재다. 이익이 있으면 손실이 따라가고 일등이 있으면 항시 꼴찌가 있다. 우리의 '삶이 고해다'라고 한 까닭이기도 하다.
제행무상諸行無常이며 일체개고一切皆苦인 이 사바세계는 다시 태어나서는 안 되는 곳으로 불전佛典은 말하고 있다. 이것이 집착의 해방이다.

 무지

그러면 고통은 어디서 오는 걸까? 불교에서는 고통이 욕망, 집착, 증오, 자만, 질투, 무분별함 등에서 비롯된다고 말한다. 그리고 '부정적인 생각'과 '엉뚱하고 몽매적'이라고 불리는 모든 정신적 요소들도 우리의 정신을 동요시키고 혼란과 불안에 빠뜨린다.

'불편하다. 내가 불안하다.' 이러한 부정적인 감정들은 우리가 소중히 여기고 어떻게 해서든지 보호하려는 '자아'의 개념에서 생겨난다. '자아'에 대한 집착은 현실이지만 정작 그 집착의 대상인 '자아'는 어떠한 현실적인 실재도 갖고 있지 않다.

자아(마음)는 아무리 찾아봐도 없다. 자아, 의식, 생각, 마음 모두가 같은 말이다. 1차원일 때는 자아自我, 2차원일 때는 의식意識, 3차원일 때는 생각, 4차원은 마음(心)이 된다.
그것은 어디에도 존재하지 않으며 어떠한 방식으로도 존재하지 않는다. 자아는 한 인간의 구성요소인 육체와 정신에도, 혹은 그 외부에도, 그 결합체 속에도 결코 존재하지 않는다.

이처럼 자아의 특성을 미처 깨닫지 못하는 것은 무지 때문이라고 한다. 무지無知란 사물의 진정한 본성을 분별하지 못하는 일시적인 무능력이다. 그리고 이러한 무지가 바로 고통의 궁극적인 원인이라고 분석한다.

그럼 이러한 자아가 고유한 실재를 가지고 있지 않다는 사실을 어떻게 하면 인식할 수 있을까? 그것은 자아에 대한 잘못된 이해를 일소하면 된다.

그러기 위해서는 눈에 보이는 물질들이 영원히 변하지 않는다는 믿음이 잘못이란 것을 깨달아야 한다.

그리고 원하는 것을 얻지 못할까봐 두려워하지 않고, 원하지 않는 것을 어쩔 수 없이 받아들이게 될까봐 두려워하지 않을 때, 작은 통찰력을 만나게 된다. 이것이 멸滅이다.

🔘 자아

서양 철학자들이 '육체 중 어느 부분에 영혼이 자리 잡고 있는 가?' 하며 궁금해 하던 시절이 있었다. 데카르트는 영혼이 송과 선松科腺, 즉 뇌하수체 내에 있다고 생각했다. 우문현답(?)에 실소를 금할 수 없다.

그러나 자의식은 없는 것이 아니라 틀림없이 존재한다. 바꿔 말하면 우리의 정신은 의식의 흐름 안에 분명히 존재하고 있다.

이러한 의식의 흐름은 과거의 생각, 현재의 생각, 미래의 생각으로 분석될 수 있다. 그러나 자아는 이러한 순간들의 결과물이거나 총합이 될 수 없다. 왜냐하면 이러한 총합은 그 특정 순간들 어디에도 존재하지 않기 때문이다.

과거심 불가득, 현재심 불가득, 미래심 불가득의 해석이다. 과거의 생각은 이미 지나간 것으로 죽은 것이며 더 이상 존재하지 않는다. 그러하니 자아가 어떻게 기억 속에 존재하겠는가? 그리고 미래는 아직 태어나지 않았기 때문에 미래 안에 자아는 존재할 수 없다.

남은 것은 현재뿐이다. 존재하기 위해서는 자아라는 실재가 명확한 특징을 가져야 할 것이다. 그러나 그것은 색깔도 형체도 없다. 그것은 찾을수록 더 찾을 수 없게 된다.
그러므로 자아는 언어는 있으나 형체는 없다. 단지 표면적인 지속성에 붙여진 이름표에 불과하다.

자아의 감정은 상대방과 마주칠 때 변화와 분열을 일으킨다. 상대적으로 욕망과 배척이 번갈아 나타나면서 혼란스러운 생각과 감정이 무수히 생겨나게 된다. 그것들이 말과 행동으로 표현되고 또다시 고통을 만들기도 한다.

이처럼 자아가 가지는 특성, 즉 바람직한 것을 원하고, 바람직하지 못한 것을 배척하도록 이끄는 마음보는 그 실체가 없다.
이것만으로 자아에 대한 집착을 약화시킬 수 있다. 그렇지만 자아에 대한 집착을 약화시킨다고 문제가 해결된다는 보장은 없다.

불교에서는 자아를 마음이라 한다. 마음법의 진수를 설명하는 문맥이 눈길을 끈다.

한 팔을 베어 흰 눈밭에 붉은 꽃을 피운 신광의 구도심은 면벽 9년의 달마조사를 감동시킨다.
"스님, 제 마음이 편안치를 못해 괴롭습니다. 마음을 편안하게 해 주실 것을 바랍니다."
"마음을 가지고 오너라. 그러면 너의 마음을 편안하게 해주겠노라."
"마음을 찾으려고 아무리 둘러봐도 끝내 찾을 수 없습니다."
"너에게 이미 마음을 편안케 해주는 것을 마쳤느니라."

마음은 아무리 찾아봐도 어디에도 없다. 마음이란 놈이 있어서 괴롭기도 하고 불편하기도 한 것이다. 그러니 '마음이 본래 없는데 어떻게 편안하다, 편치 못하다는 생각을 낼 것이냐'는 달마조사의 말씀이다.
자아도 마찬가지다. 자아는 생각이 만들어내는 의식의 일부일 따름이다.

생각의 끝을 찾아 따라가지 않고 생각이 마구니임을 즉시 알아차리는 지혜가 필요할 때다. 성찰이란 후회나 회한이 아닌 '깨어 있음'이다.

'생멸멸기生滅滅己 적멸위락寂滅爲樂'이라, 죽고 사는 나를 버리면 이때 집착의 고리가 떨어져 나간다.

그렇다. 이론적 공감대는 형성되는 것 같다. 하지만 아무리 뛰어난 이론일지라도 머리로는 이해가 되지만 가슴으로는 전달되기 어렵다.

깨달음은 가슴으로 전달되는 통찰력이다. 그리고 맑음이며 지혜이며 법력이다. 이것이 도道다. 사성제의 고집멸도는 이론을 벗어난 깨달음을 설명하고 있다.

현상계의 분석

불교에서는 눈에 보이는 현상계를 고정된 사물인 아닌 꿈이나 환상과 같은 몽환포영夢幻泡影으로 비유한다. 콘크리트 건물처럼 우리 눈에 견고하게 보이는 사물도 시시각각 변화하고 결국 낡아지면서 허물어진다.

이처럼 모든 사물은 변화하면서 소멸되기 때문에 눈에 보이는 현상세계가 고정적이거나 영원히 지속되는 일은 결코 있을 수 없다는 결론이다.

한편 지구 반대쪽에 있는 고대 그리스의 철학자들도 똑같은 생각을 하고 있었다. 특히 플라톤은 '움직이고 변화하는 것은 결코 인식할 수 없다'고 생각했다.
"현실의 모든 현상은 눈에 보이진 않지만 지속적으로 변화상태에 있다. 그렇기 때문에 확고부동하고 확실한 결정적인 지식의 대상이 될 수 없다."고 주장했다.

이로부터 현상의 이면에서 확실한 지식의 대상이 될 수 있는 진리를 찾아 부단히 노력을 경주하게 된다. 영원하고 불변하는 확고부동한 요소를 찾으려는 철학의 개념적 사유에 대한 최초의 완벽한 해답은 수학적 모델이었다.
1+1=2라는 확실한 법칙을 수학적 모델이라 총칭한다.

또 다른 차원에서 고대 철학자들은 현상의 이면에서 현상을 지배하는 본체本體의 영속적 원리를 찾게 된다. 플라톤의 이데아Idea는 나무 책상과 나무 걸상을 예로 들면서 "각각의 나무에 존재하는 나무의 원형이 있다는 것, 다시 말해 존재하는 모든 것의 본질의 원형이 '존재한다'는 것.

따라서 '본질로서의 나무'는 초감각적인 세계에 존재하며 감각적 세계, 즉 현상세계에 존재하는 모든 나무들은 '본질로서의 나무'의 복사물, 즉 '관념적인 나무'의 '감각적인 복사물'이다."라고 하였다.
즉 '플라톤의 이데아'는 '물질의 본질'을 설명하고 있는 것이다.

그 이후 로마 시인인 루크레테우스는 "이와 같은 본체本體의 영속적 원리는 법칙이라는 이름으로 존재하는 바, 그것이 바로 인과관계라는 영속적 법칙이다. 이러한 법칙을 인간의 정신과 현실의 일치를 보장하는 '신神들의 계약'이라고 부른다.
이러한 계약은 항상 변화하는 현실 – 쓰임(用) – 이면에 존재하는 확고부동한 요소"라는 학설을 발표한다. 나무 책상과 철 책상으로 비유하면 책상이라는 명사가 '이데아'로 재등장한다.

그러나 불교에서는 현상세계가 철저한 인과관계에 의해 지배된다고는 인정하지만 서양철학에서의 '신의 계약법칙'과는 선을 긋는다.

따라서 절대적인 관점에서 실재로 존재하는 '실체'란 생겨날 수도, 사라질 수도 없다는 것이다.

존재는 무無로부터 생겨날 수 없다. 왜냐하면 어떠한 원인들로부터 존재하지 않는 것을 존재하도록 만들 수 없기 때문이다. 또한 존재는 이미 존재할지 모르는 무언가로부터 생겨날 수도 없다. 그것은 이미 존재하는데 생길 이유가 없기 때문이다.

제법무아

힌두교는 '전능한 창조주 이슈바라Ishvara'의 존재를 믿는다. 플라톤의 '이데아'와 힌두교의 '창조주 이슈바라Ishvara'는 현상의 이면에 있는 고정된 실체를 예상한다는 점에서 공통적이라고 할 수 있다. 이것은 본체本體와 쓰임(用)의 역학관계를 말하는 것으로 현대 기독교의 '창조주 하느님'과 거의 흡사하다. 모든 사물은 하느님이 창조하였다는 설명이다.

그러나 불교는 비록 브라만교에서 출발하였지만 이들과는 전혀 다르게 진리의 법문으로 그 획을 긋는다. 바로 '제행무상諸行無常

일체개고一切皆苦 제법무아諸法無我'의 대승의 법문이 바로 그것이다.

그중 핵심이 제법무아다. 이 세상의 모든 사물은 어떠한 경우에도 영원하고 불변하는 확고부동한 실재로는 존재하지 않는다는 '무아론無我論'으로 독창적 진리를 선포하게 된다.

하지만 눈에 보이고 만져지는 사물의 실재와 우리가 느끼는 고통은 이론만으로 설득력이 부족하다. 사물은 시간에 비례하여 허물어진다고 하자, 그러나 고통은 시간과는 무관하지 않는가. ……고통은 당장 내게 직접적으로 몰아치고 있지 않는가? 도대체 고통은 어디서 오는 걸까?

누구나 배부르고 즐겁지 않으면 고통스럽다. 고통은 뿌리 깊은 불만족의 상태로서 육체적 고통과 함께 정신적 체험이 첨가된다. 육체적이고 정신적 고통은 대부분 부정적인 생각과 그에 따른 언행의 결과다.
이것은 우리가 자아自我를 애지중지하고 그것을 보호하고 싶어하는 데서 비롯된다. 덧붙여 말하면 자아, 즉 나를 존재하는 것들 중 유일하고 특별한 것으로 여기기 때문이다.

따라서 '고통이다, 자아다'라는 것은 생각의 결정체다. 모든 것이 나의 생각에서 유발되는 것이다. 생각이라는 것은 단지 이렇게 각성된 의식의 발현에 불과한 것임을 이해할 때, 비로소 그 생각은 정신을 구속하는 족쇄를 풀게 된다.

우리가 집착하는 자아는 결국 실체가 없는 허깨비에 불과함을 깨닫고, 현상의 확고부동함에 대한 우리의 집착을 해소하면 비로소 고통의 악순환이 끝나게 된다는 내용이다.
자칫 허무주의나 염세주의로 빠질 수 있는 함정은 있지만 과학적인 견해를 덧붙일 필요가 있다.
현대물리학에서 미립자를 '물질인 입자'이면서도 '비물질인 진동'으로 설명한다는 것은 '제행무상과 제법무아'를 재삼 증명하고 있지 않은가!

교학敎學의 목적은 우리가 갖고 있는 확고부동하고 영원한 실재, 즉 나(我)라는 개념이 근거도 없는 비논리적임을 증명하고 그 개념을 무너뜨리는 역할을 하게 된다.
그리고 이것은 현상에 대한 집착으로부터 생겨나는 고통의 해독제로서 작용할 수가 있는 것이다.

곧 현상계와 자기 인격의 실재성인 자아에 대한 집착에서 벗어나면 지금까지의 혼란스러운 감정으로부터 우리는 해방될 수 있을 것이다.

따라서 감정의 본성을 제대로 이해함으로써 고통으로부터 시선을 돌리지 않고 그 치유책을 찾아 고통을 넘어서는 기회가 된다.

◉ 정신수양이 필요한 이유

우리는 스트레스를 피할 수 없다. 왜냐하면 스트레스는 자기 감정뿐 아니라 현실에 대한 불만의 일부를 이루기 때문이다. 현대인이 갖는 대부분의 감정과 욕망, 야망 등은 현실에 대한 작용과 부작용의 태도와 관련을 맺고 있다. 이러한 요소들은 모두 현실적인 상황과 관련지어져 스트레스를 유발시킨다.

자신이 원하는 것을 얻지 못해서 불만인 사람들 대부분은 자신의 내면을 제대로 통제하지 못한 데서 기인한다. 그것은 원하는 바가 정당하지 못하다든지, 그저 잘난 체하려는 마음을 가졌기 때문일 수도 있다.

그래서 자신이 목표하는 것을 얻지 못하거나 혹은 자신이 원하지 않는 일에 직면해 있다고 끊임없이 괴로워한다.

따라서 정신적 고통은 수없이 혼란스러운 감정들로부터 시작된다. 이들을 이겨내기 위해 현대인들은 술이나 담배 등 기호식품에 의지하거나 또 다른 자극, 즉 합법적 범위에서 스포츠나 스피드 등 강한 충동을 요구한다.

결국 고통의 핵심적 이유는 자기 중심주의 때문이다. 모든 것이 자기 자신에게만 집중되어 있어, 일상에서 부딪히게 되는 어려움과 거북함이 곧 바로 자기 행복에 방해가 된다.
그러면 감정은 스트레스성 신경질로 변하면서 심장의 박동수를 높인다. 이것이 정도가 지나치면 타인에게 폭력적으로 대하고 본인은 심한 감정의 기복에서 헤어나지 못한다.

그렇다고 감정에서 표출된 파괴본능, 소유욕, 지배욕을 마음껏 발산한다 해도 거기서 이끌어 낼 수 있는 만족은 찰나적인 즐거움뿐이다. 그 이후에 나타나는 허전함은 우리를 또다시 무기력에 빠지게 한다.

결국 감정을 다스린다는 것은 마음의 평정을 되살리는 것으로,

곧 여유있는 자세다. 여유로운 마음을 가지기 위해서는 정신수양을 통하여 발등 앞의 손익에서 벗어나 대장부의 삶으로 거듭나는 것 외에는 다른 방법이 없다.

정신수양은 모든 인간적 감정을 끊어버리는 일이 아니라 더 이상 감정의 노예가 되지 않는 데 초점을 맞추고 있다. 역경에 흔들려 초조하거나 반대로 성공에 도취하여 거만과 오만함에 빠지지 않는 광활하고 평온한 의식을 획득하는 일이다.

지각

생각이 저절로 일어나는 것이라면 지각知覺은 그들을 정리하여 분석하고 비평하는 것이다. 정신수양의 열쇠는 생각의 정체를 밝히는 것에서 시작된다.
정신적 고통은 생각에서 시작되어 수없이 혼란스러운 감정이 개입되면서부터 비롯된다. 이때 지각은 생각을 정리하면서 혼란스러운 감정을 해소하고 소멸시키는 데 앞장선다.

주된 기법은 감정의 양상이나 그 감정이 생겨난 원인 및 정황 따위에 집중하지 않고, 생각의 근원 자체로 거슬러 올라가는 것이다. 흔히 개와 사자를 비유로 든다. 개에게 돌을 던지면 개는 돌을 쫓아가지만 같은 상황에서 사자는 사람을 공격한다.

실제로 사람들은 생각이 일어날 때 개가 돌을 쫓아가듯 그것에 끌려 다닌다. 최초의 생각은 계속해서 꼬리를 물고 두 번째 생각, 세 번째로 파생된 생각을 낳아 결국 혼란 상태에 빠지면서 감정이 증폭된다.

그러나 수행자는 일반인과는 다르다. 사자가 돌을 던지는 사람을 바로 공격하듯 생각의 근원을 향해 돌아선다. 그리고 그 생각이 생겨나는 근본 메커니즘을 정신 내부에서 검토한다.
일반적으로 의식이 일어나는 각 순간은 지각이 야기하는 대상을 만날 때 시작된다. 쇼-윈도우에서 진열된 물건을 보자마자 구매 충동이 발동한다. 6근(보는 것)과 6진(구매충동)의 관계는 견물생심見物生心에서 시작된다는 얘기다.

결국 지각의 순간마다 각각의 대상에 하나의 주체가 있다. 의식의 다음 과정은 견물생심의 차원을 넘어 어떤 물건을 좋다하거나 혹은 나쁘다고 생각하는 것이다. 이것은 물건 자체에서 비롯된 것이 아니라 그것을 지각하는 방식에서 비롯된다.

비유컨대 한 잔의 물은 물고기에게는 주거지로, 인간에게는 음료로, 신에게는 감로로, 굶주림으로 고통 받는 '아귀귀신'에게는 피와 고름으로 느껴진다.
또 아름다운 여인은 사랑하는 사람에게는 환희의 대상이지만 수도승에게는 방심의 원인이고, 늑대에게는 훌륭한 식사거리가 된다.

이처럼 각각의 생각의 끝은 모두가 다르다. 이렇게 명상적이고 분석적인 방식으로 볼 때 지각은 결코 확고부동하지 않고 변할 수 있음을 인식하게 된다.
더구나 '친구'나 '적'은 서로가 상대적 개념으로 이해할 수 있다. 지금 우리가 적으로 지각하는 사람이 다른 사람들에게는 대단히 사랑받는 대상일 수도 있고, 어쩌면 우리도 몇 달 후에는 그의 가장 좋은 친구가 될지도 모른다.

창조주와 절대계

신학과 모든 종교는 우주론적인 차원에서 창조의 원시신화를 공통적으로 갖고 있다. 일반적으로 가장 많이 알려져 있는 것으로는 『성경』창세기에 나타난 내용이 압권이다. 창조주란 개념은 다신교를 포함한 여러 종교들에서 공통적으로 나타난다.

더욱이 일신교는 모든 것을 감시하는 인격신의 개념을 내포하고 있다. 이것은 유태교나 기독교, 이슬람교의 공통사항이다.

철학의 시조인 플라톤의 『티메Timee』에도 세계의 창조자인 조물주가 등장한다. 따라서 고전주의 철학자들도 모든 것을 감시하고 벌하는 인격신의 개념을 인용했다.

아리스토텔레스의 『형이상학』에 세계의 창조자며 영원한 진리의 창조자로 전지전능한 신이 등장하며, 이후 데카르트와 라이프니츠를 통해 다시 나타난다.

그러나 불교에는 전지전능한 신의 개념이 없다. 창조주 역시 없다. 눈과 귀를 갖고 인류를 감시하는 인격신 같은 개념이 전혀 없다. 왜 그럴까? 그 이유는 창조주가 존재하는 것이 아니라 모든 물질은 인연과 상호작용에 의해서 만들어지는 까닭이다.

불교의 우주론에 따르면 세계는 '공간 입자들'의 연속체에서 형성되었다고 한다. 그 입자들이 응축되어 변형된 것이 바로 우주를 이루는 지地, 수水, 화火, 풍風이다.
이들은 상대계의 산물로 인연으로 생겼다가 언젠가는 다시 인연으로 흩어진다.

상대계란 내(自)가 있으면 남(他)이 있고, 고苦가 있으면 락樂이 있고, 생生이 있으면 반드시 멸滅이 따른다는 것이다.
따라서 상대계와 절대적 진리를 구분하는 것이 불교의 핵심교리다. 상대계의 이상향이 있다면 그 끝이 절대계다.
부처는 절대존재를 니르바나(Nirvana, 涅槃)라고 했다.

절대계란 나지 않고 죽지 않으며 시작도 없고 마침도 없다. 하나와 다수, 고와 락, 생과 멸의 개념을 모두 초월하는 절대적 공간을 의미한다.
이곳은 눈과 귀를 가진 창조주의 그늘이 아닌, 내 스스로 창조주와 하나가 될 수 있음을 공언하고 있다.

그곳은 '불생불멸不生不滅, 불구부정不垢不淨, 부증불감不增不減,' 즉 '나는 것도 없고 죽는 것도 없고, 더러움도 없고 맑음도 없고, 늘어남도 없고 줄어듦도 없는' 세계다.
이곳은 이론이나 분석적 사유로 설명되는 것이 아니라 오직 선의 체험에 의해서만 이해할 수 있음이다.

석가 부처의 위대함은 바로 이점에 있다. 이론으로만 존재할 것 같은 절대적 공간을 몸소 체험하고 그 길을 우리에게 가르쳐주고 있지 않는가!

> "여래께서 말씀하신 진리는 취할 수도 없고 말할 수도 없으며,
> 진리도 아니고 진리 아닌 것도 아니기 때문입니다.
> 모든 깨달은 현인과 성인은 상대의 세계를 뛰어넘은
> 무위無爲의 절대계에 있기 때문입니다."
> (『금강경』 무득무설분 제7)

2.

의식 意識

諸行無常 모든 행위는 덧없어라

是生滅法 왜냐하면 태어나는 것은 필시 죽는 것이니라.

生滅滅己 그래서 나고 죽는 나를 없게 하면

寂滅爲樂 열반(니르바나)의 참나로 기쁨이어라.

선禪이란 '현실적인 나'와 '경험적인 나'가 가지는 의식의 존재를
쉬게 하는 실행이다. '나'는 생각하고 고민하고 번뇌한다.
'나'라는 아상은 의식의 발로다. 의식의 통제야 말로 나를 없게
하는 가장 기본이 된다.

그러므로 선禪 수행자는 육신이 가진 동물적 본능인 자발적 욕망과 쾌락적인 '나'를 단순히 긍정하는 대신에 '나'와 '나로부터 나오는 모든 의식의 작용'을 자신에게서 제거하기 위하여 원대하고도 지난한 작업을 성취하려고 하는 것이다.

의식의 기원

인간은 지구에서 털 없는 원숭이로 20만 년을 살아오면서 지구를 정복한 유일한 존재다. 그러나 그들은 지구의 무자비한 정복자일 뿐이다. 인간의 어디에서 그런 능력이 나타났을까? 그 비결은 생각하는 능력인 의식意識에 있다.

그럼 의식이란 무엇일까? 다른 동물들에게는 의식이 없는 것인가? 이에 대해 과학적인 설명이 필요한 것은 어쩌면 당연할지도 모른다. 결국 두뇌의 작용과 의식의 흐름에 대한 고찰만이 우리의 이해를 높일 수 있다.

생명의 시작은 물질의 구성과 마찬가지로 원자와 원자의 결합에서 시작된다. 하지만 물질은 의식이 없지만 생명은 의식을 가지고 있다. 왜 그럴까?

의식에 대한 과학적 소견은 세포에서 시작된다. 세포분자가 점점 복잡한 구조를 획득함에 따라 외부 자극에 점점 능률적으로 반응하게 된다.

따라서 복잡성이 점점 증대되면서 경우에 따라 의식과 다르지 않은 신경계통에 도달하기도 한다고 전문가들은 주장한다.

그러나 인간 의식에 대한 전통적인 개념은 '물질은 물질에서 생겨날 수밖에 없듯이 의식은 의식적인 것에서부터 생길 수밖에 없다'는 주장이 우선이다.

이는 플라톤에 이어서 17세기 고전주의 철학자들이 똑같이 주장한 견해이다. 그중 데카르트는 "오직 원인 안에 있는 것만이 결과 안에 있을 수 있다."라고 말했다.

마찬가지로 불교에서도 의식이 무생물에서는 결코 생겨날 수 없다고 말한다. '현재 의식의 순간'은 '과거 의식의 순간'에 의해 가동된 것으로서 나아가 '미래 의식의 순간'을 가동시킨다.

현상세계에 진정한 시간적 시초가 없는 것처럼 의식 역시 시초가 없다. 이와 같은 이유로 우리는 수태의 순간에 그 새로운 존재에 생명을 불어넣은 의식의 불꽃이 비록 매우 원시적인 것이라 할지라도 의식적인 사건만을 원인으로 가질 수 있다고 생각하는 것이다.

그런데 현대과학에서는 상당히 유효하고 주목할 만한 실험과 관찰을 근거로 이를 반박하였다.

프랑스의 물리학자 자크 모노드Jacques Monod는 자신의 저서 『우연과 필연』에서 "생물은 물질에서 생겼으며 의식은 생물에서 생겼다. 그러므로 물질로부터 생명체가 탄생한 후 종種의 진화를 거쳐 차차 의식과 언어에 이르게 되는 것이다."라며 의식의 근원이 물질로부터 시작될 수 있음을 말하고 있다.

이것이 현대과학에서 일반적으로 받아들이고 있는 도식이다.

현대물리학의 불확정성원리는 전자의 위치와 운동량을 동시에 정확히 규정할 수 없다는 것이다. 물질인 세포를 분할해 나갈 때 분자와 원자는 분명히 입자로서 존재한다.

그러나 물질의 최종 입자인 원자나 미립자는 입자인 동시에 파장임을 현대물리학은 정설로 받아들이고 있다.

이것은 생물과 무생물의 구조 현성인 동일원소가 같을 수 있다는 이론이다.

따라서 의식의 발로가 어디서부터 시작되었다고 말할 수 없는 것은 당연한 일인지도 모른다. 다시 말해 의식의 존재는 성질상 물리적 과학의 탐구 양식에서 벗어난다.

'닭이 먼저냐 계란이 먼저냐?'의 유치한 논쟁과 같아진다. 결국 무언가를 발견할 수 없다는 사실이 그 무언가가 존재하지 않음에 대한 증명은 되지 않는다는 것이 기본적 해답이다.

동물에도 의식은 있는가?

동물에게 심리현상이 존재한다는 주장은 일반적으로 널리 인정받고 있다. 그것을 부정한 사람은 오직 데카르트뿐이다. 오늘날에는 동물심리에 대한 수많은 책들이 나와 있다. 따라서 동물의 의식이 존재하는 것은 이제 상식이 되었다.

그러나 원시적인 형태의 생명체나 동물에 관해서라면 자의식이 문제될 수 있다. 왜냐하면 그것은 반성적 의식이 아니기 때문이다. 동물은 현재의 본능적 상황 외에는 자의식이 없다. 과거의 행동에 대한 성찰이나 미래에 대한 두려움이나 결과에 대하여 전혀 자의식을 가지지 않는다는 것이 정설이다.

오직 인간만이 지각의식이 있을 따름이다. 인간은 다른 동물들과는 구별되는 특별한 존재로, 두뇌 크기에 비례하여 지각의식이 매우 발달되어 있다. 어째서일까?

그 해답은 직립보행으로 인하여 발달한 손의 활용도에 있다. 손으로 연장을 만들면서부터 먹을거리는 풍요해졌다. 잡식성은 풍부한 먹을거리를 제공하고 특히 육식의 포만감은 결과적으로 두뇌의 크기와 용량을 증폭시켰음을 인류학자들은 밝혀내고 있다.

한편 서양의 다수 신경학자들은 의식이나 정신을 두뇌조직과는 분리된 요소로 간주했다. 그들은 두뇌의 신경세포망 내에서 일어나는 화학적 반응과 전기현상 및 신경세포망의 구조와 기능이 우리가 '생각'이라고 부르는 것을 설명하기에 충분하다는 것이다.

19세기 말에는 '생각과 의식'은 신경뇌수체계에 덧붙여진 일종의 미광微光으로, 인간은 물리, 화학, 생물학적인 반응의 총체로서 의식은 이러한 과정들의 반영이며, 우리는 그 과정에서 아무런 영향을 미치지 못한다고 보았다.

그 이후 현대과학과 신경생리학은 훨씬 더 명확하게 발전되어 신경생리학적 메커니즘의 총체로 구성되는 신경세포로서의 인간이라는 생각에까지 도달했다.

정신현상은 다름 아닌 그러한 메커니즘 자체이며 기껏해야 그 총체에 참가할 뿐, 그것에 절대적인 영향을 미치지 못하는 일종의 반영에 불과한 것이라는 주장이 대세였다.

그러나 그 후 과학의 발달은 모든 것이 과학으로 증명될 수 있다는 자신감에서 점차 벗어나면서 과학의 불완전성을 인정하게 되며 지금까지의 학설을 부정하게 된다.

한편 불교에서는 매우 기본적인 형태의 생명체라도 특정한 의식을 부여 받는다고 말한다. 즉 생명체는 아무리 원시적이라고 해도 순수 물질과는 본질적으로 다르다는 뜻이다.

동물의 등급이 높아질수록 그 의식은 점점 더 유능해지고 깊이를 더해가며 완성도가 높아져 마침내는 인간의 지성에 이르게 된다.

그러므로 의식은 여러 배경과 조건 안에서 다양한 양상으로 나타날 수 있다.

불교에 따르면 무의식적인 것이 점점 더 완벽하게 되면서 의식이 발생되는 것은 아니다. 의식의 발생에는 단지 양적인 변화만이 있는 것이 아니라 질적인 변화가 있어야 한다.

의식이 발생하고 신경계통조직과 생명의 형태가 점점 복잡해짐에 따라 지적 능력 또한 발달되어 간다는 사실에는 진화론과 인 과론과의 틈 사이에서 아무도 반론을 제기하지 못하고 있다.

태양계의 다른 행성에 생명이 존재하는가를 알고 싶을 때는, 생 명 발생을 위한 물의 존재 유무와 그에 따른 화학적 반응요인들 이 그 행성에서도 발생하였는지를 연구한다.
현대과학의 커다란 미스터리는 단연 물질에서 생명으로의 이양 과정에 있다. 바다생물에서 식물로, 또 동물로 종의 진화를 거쳐 의식으로 이행하는 과정이 미스터리라면 물질에서 생명으로 이 행하는 과정은 보다 더 불가사의하다.

◉ 자아와 본성

의식은 자아를 만든다. 그리고 자아의 구성에는 정신精神이 빠질 수 없다. 우리는 자연적으로 '나'라는 개념을 가지고 있다. 누군 가 나를 부르면 "네"라고 대답하고 날씨가 더우면 '나는 덥다'고 생각한다. 이처럼 누구나 나의 존재를 의식하는 선천적 자아감정 을 가지고 있다.
이러한 감정에 사회적, 문화적 요소가 결부되면서 자아가 개인의

'정체'를 이루는 개별적 실체라는 생각이 덧붙여진다. 나는 회사원이다, 나는 회사대표다 등등의 '나'라는 개념이 확고해진다.

이러한 자아를 의식의 흐름이나 육체에서 찾는다면 정신에 대한 언급은 의미가 없어진다. 그렇다면 과연 정신은 스스로를 인식할 수 있는가?
물론 우리는 명백히 우리의 정신을 의식하고 생각의 움직임을 관찰할 수 있다. 우리는 자신의 생각을 의식하지 않고는 움직일 수 없다.
그러나 칼이 자신을 자를 수 없고, 눈이 스스로 볼 수 없는 것과 마찬가지로, 결국 사유는 생각하는 동시에 자기 자신을 인식할 수 없다.

서양의 심리학자들은 내적 성찰이 가능하다는 이론보다는 인간은 자기 자신을 제대로 관찰하지 못한다는 주장이 지배적이다. 내적인 삶 자체를 통하여 그것을 관찰하는 것은 믿을 만하지 않기 때문에 그보다는 행동을 관찰함으로써 근원으로 거슬러 올라갈 수 있다고 생각한다.

특히 자신의 분야에서 성공한 이들 중에서도 문제가 있는 경우가 허다함이 이러한 이론을 뒷받침하고 있다. 즉 자신의 분야에서 발휘하는 천재성에 반드시 인간적인 완성이 수반되지 않는다는 점이다.

그들이 탁월한 지적 혹은 예술적인 능력을 지녔다고 해서 그것이 훌륭한 인간적 존재로 만들지는 않는다. 위대한 시인이 사기꾼일 수노 있고, 위대한 학지도 자신의 삶에 불만을 가질 수 있으며, 또 예술가도 자만에 가득 찰 수 있다.

이러한 사실이 말해주듯이 자아는 한정된 육체의 예속물이라는 것이 상대적 진리다. 그러나 정신적 깨달음은 자아自我와는 전혀 별개의 사실이다. 정신의 근원적인 본성은 현상계를 초월한 위대한 실체, 절대계와 연결되어 있음을 선禪의 체험은 증명하려고 한다.

본성本性은 의식과는 또 다른 순수의식으로 궁극적이고 자율적인 실체를 가지고 있다. 이것은 마치 외부의 광원을 필요로 하지 않고 자기 스스로를 밝히는 등잔불처럼 주객관계를 떠나 무한한 통찰력과 지혜가 겸비되어 있다. 이러한 우리의 순수의식은 선의 체험을 통하여 새롭게 자성自性으로 등장한다.

'내가 없는 자리가 곧 부처다'라는 말은 자아의 의식이 소멸될 때 대자연의 근원(본성)과 하나가 됨을 뜻한다. 나(我)라는 의식이 사라진다는 것은 일반적 무심無心을 말하는 것이 아니다. 종교의 지향이나 수행의 기법이 없는 정신통일로 나의 의식을 쉬게 했을 때 무위無爲가 드러난다. '함이 없는 함', 즉 무위는 대자연과 하나가 됨으로써 치료의 기능을, 퇴마의 능력을, 창조의 법력을 갖춘 맑음으로 거듭난다.

자아의 소멸

'나는 춥다', '나는 배고프다', '나는 걷는다' 등등을 생각하게 만드는 자아自我, 혹은 '나'라는 자연적인 감정이 존재함은 당연하다. 이러한 감정은 그 자체로는 중성적이라서 특별히 행복이나 고통으로 몰고 가지는 않는다.

그러나 우리가 자라면서 겪는 육체적 성장과 지적인 발달은 사물이 고정되고 불변한 것이라는 의식으로 고정화된다.
이때쯤 우리는 자아의 자존심과 인격의 개념에 집착하고 '나의 육체', '나의 이름', '나의 정신' 따위에 매료된다.

수행이란 자아를 강제로 지우거나 없애는 일이 아니다. 다만 자아가 실제로 존재한 적이 없음을 인식하는 것으로, 자아의 속임수를 폭로하는 일이다.

존재하지 않는 자아를 소멸시킬 수는 없지만 그것이 존재하지 않는다는 것을 식별하는 능력을 길러야 한다.

사람들은 환상을 소멸시키고 싶어 한다. 예를 들어 어스레한 어둠 속에서 어떤 사람이 얼룩덜룩한 늘어진 끈을 보고 뱀으로 착각하고는 공포감을 느낀다. 그는 깜짝 놀라 몸을 돌려 피하거나 몽둥이로 뱀을 쫓으려고 한다. 그러나 불이 켜지는 순간 그 물체가 뱀이 아니라는 사실을 알게 된다.

대반전이다. 사실 그에게는 어떤 일도 일어나지 않았으며 또 그가 뱀을 없앤 것도 아니다. 왜냐하면 처음부터 뱀은 그곳에 있은 적이 없었으니까. 그는 단지 환상을 일소했을 뿐이다. 이처럼 환상이나 오류는 애초부터 존재하지 않는 것이다.

인간은 생각하는 능력이 생기면서부터 자아를 실재적 존재로 인식하게 된다. 사람들은 유쾌하고 이로운 것은 좋아하고 불쾌하거나 해로운 것은 무조건 배척하는 경향이 있다.

그러나 자아가 실재적 존재를 갖고 있지 않다는 것을 식별하는 순간, 좋고 나쁨의 모든 감정은 사라진다.

이것은 마치 뱀으로 착각했던 얼룩덜룩한 줄에 대한 공포가 어느 순간 사라지는 것과 마찬가지다. 이처럼 자아는 원래 없는 것이므로 그 전에도 없었고 앞으로도 없다. 단지 현재의 의식(주관)은 바깥의 사물(객관)에만 반응할 따름이다.

하지만 자아의 소멸이 그렇게 만만하지 않다. 머리로는 이해가 가능하지만 자아의 소멸이 어려운 것은 생각을 멈춤이 불가능하다는 것과 같다.

현대 심리학의 창시자 중 한 사람인 윌리암 제임스는 "나는 잠깐 동안 나의 생각을 멈추어보려고 했다. 당연히 그것은 불가능하다. 생각은 곧 돌아온다."며 '의식의 흐름'이라는 표현을 만들어 냈다.

그러나 '선의 체험'은 별다른 재능이 없는 사람들조차 정진에 몰두하면 의식의 멈춤(?), 삼매를 맞이할 수가 있다. 대표적인 수행법인 '수식관 호흡'은 생각을 차단시키는 대체 효과를 가져온다. 숫자를 집중하면서 하나에서 열을 암송하듯 셈한다. 그리고 다시 돌아와 하나부터 시작한다. 수식관을 통한 집중은 생각이 피어나는 근원을 현장에서 바로 직시하면서 삼매의 초입으로 줄달음친다.

'내가 없음'이 정신통일이다. 하지만 생각은 잠시도 쉬지 않고 여름날 뭉게구름처럼 피어난다. 그러면 다시 숫자를 다잡고 생각의 너울에서 빠져나오는 연습을 반복한다.

생각

자아와 의식의 개념은 대충 이해가 되었으리라고 본다. 그럼 생각은 도대체 어디서 생기는 걸까? 생각은 육체 내부에 깃들어 있는 정신(영혼)에 의하여 구성되는 것은 아닐까? ……

우리의 의식은 육체와의 관계를 떠날 수 없다. 그래서 데카르트는 "인간은 육체와 의식의 합성물이다."라고 했다.

한편 과학은 물리적 측정에 의해 밝혀낼 수 있는 실재만을 연구하는 학문이다. 물리적 측정에서 나타나지 않는 것은 어떤 것이라도 비과학적일 수밖에 없다. 그래서 과학자들은 유물론적이다. 덩달아 현대 철학자들도 육체(물질)와 분리된 영혼은 단순한 환상에 불과하다며 내적 성찰이나 명상의 유용성에 대해서는 단연

코 부정적이었다.

또 다수의 신경생물학자들은 의식이나 정신이라는 개념 자체는 뇌조직과는 무관하다고 주장한다. 오직 신경세포망의 구조와 기능에서 일어나는 화학적 반응과 전기적 현상이 우리가 '생각'이라고 부르는 것을 설명하기에 충분하다는 것이다.

게다가 심리학에서는 정신의 기능을 연구하려면 개인의 정신보다는 외면적 행동을 관찰해야만이 정확하게 파악할 수 있다고 주장한다.
왜냐하면 사람들은 정신이 객관적으로 자기 스스로 인식할 수 없음을 알기 때문이다. 예를 들면 도덕적이거나 비도덕적인 상황은 본인의 의식보다는 언행을 통해서 여실히 나타나기 때문이다.

그러나 또 다른 학자들은 영혼이 육체와 분리되어 있다는 주장에는 동의하지만 영혼이 육체에 영향력을 미칠 수 있다는 생각에는 동의하지 않는다. "나는 내 팔을 펼 결심을 하고나서 팔을 편다. 그러나 그것은 내 영혼이 내 육체에 작용을 미쳤기 때문이 아니라 서로 병행하는 두 개의 결정론이 있기 때문이다."며 인간의 의지와 행위의 명백한 동시성을 설명하기도 했다.

오늘날 현대과학과 신경생리학은 훨씬 더 명확하게 "인간은 신경생리학적 메커니즘의 총체로 구성되는 신경세포다."라고 주장한다.

정신현상은 다름 아닌 그러한 메커니즘 자체이며, 기껏해야 그 총체에 첨가될 뿐, 그것에 절대적인 영향은 미치지 못하는 일종의 반영에 불과하다고 정리한다.

이처럼 보통 의식은 어떤 대상의 지각과 결부되어 있고 바로 이러한 사실 때문에 우리는 그것을 알아볼 수 없다. 의식은 우리 가까이 있지만 우리는 그것을 보지 못한다. 우리는 의식의 대상, 즉 견물생심에 의해 규정될 때만 그것을 파악할 수 있다.

그러나 불교에서는 육체와 의식의 관계에서 한 발 물러나 교敎와 선禪으로 분리하면서 '응무소주應無所住 이생기심而生其心'으로 마침표를 찍는다.

이론은 이론으로 정립하고, 선은 '선의 체험'으로 '응당 머무름 없이 내는 마음'을 수행의 이정표로 삼는다.

서양철학과 불교의 선

과학이 발명되기까지 고대 서양은 철학이 모든 것을 알고 또 모든 문제들을 해결할 수 있다고 생각했던 시절이 있었다. 17세기 근대물리학이 탄생하기 전까지 고대철학은 물질세계의 지식, 생명계의 지식, 도덕에 대한 지식, 인간 자신에 대한 지식, 그리고 내세와 신성神聖에 대한 지식을 포괄하여 다루고 있었다.

과학의 등장으로 이와 같은 현실 전체에 대한 총괄적 학설이 더 이상 실현 가능성이 없는 것으로 판정되었다. 사회구조의 다양한 복잡성에 맞물려 오직 전문분야에 종사하는 연구자들, 즉 과학이면 과학, 철학이면 철학의 학설만이 가치를 높이게 되었다.

그중 정신계도 정신과학의 이름으로 한 분야를 차지하게 된다. 나아가 현대물리학의 기초위에 혁신적인 변화의 분기점을 오늘날 맞이하고 있다.
한때 비과학으로 여겼던 명상의 효력에 대한 연구는 괄목할 만하다. 하지만 명상이 몸과 마음의 평정 또는 사회적 기여에 그치지 않고 정신적 완성의 깨달음과 연결된다는 불교적 사상에는 다소

무감각적이라 할 수 있다.

철학은 현상세계의 본질과 정신의 본성을 밝히는 것을 전제로 한다. 나는 누구인가? 우리는 무엇인가? 세계는 무엇인가? 등 사유적 설정이 우선이다. 철학자 헤겔의 정반합正反合이론은 서구철학의 정석이다.

자연, 역사, 정신의 모든 세계는 끊임없이 변화하고 발전하여 가는 과정으로 정반正反, 정반합正反合을 기본운동으로 하는 관념의 변증법적 전개원리로 설명될 수 있다고 주장한다. 곧 하나의 주장인 정正에 모순되는 다른 주장인 반反이, 더 높은 종합적인 주장인 합合에 통합되는 과정을 이룬다.

하지만 불교의 선은 '로댕의 생각하는 사람'이 아닌, 생각을 억제하고 정신을 통일함으로써 나타나는 일심을 요구하고 있다. 선의 전통은 선에 대한 추상적이고 이론적인 답변을 용납하지 않는다. 선의 통찰력은 교리적 공식이나 현상학적 묘사로서는 전달될 수가 없기 때문이다.

선문禪門에서는 '조사가 서쪽에서 온 까닭은(祖師西來意)?'의 물음에 '뜰 앞의 잣나무(前庭栢樹子)'가 정답이다. 선의 진의는 확실히 깨달을 수 있지만, 스스로 통찰력을 얻은 자에 한해서만 가능하다고 주장한다.

그러나 굳이 어렵게 선을 설명할 이유는 없다. 선은 오직 맑음을 찾아가는 길일 따름이지 어렵고 얼토당토않은 것이 아니다. 선은 실천과 체험을 요구한다.

하지만 첫 단추가 잘못 채워지면 모두가 엉터리가 되듯 '구하고 의지하고 상을 짓는 행위'는 비록 그들이 수천 년을 내려오는 전통일지라도 결코 진리일 수 없다.

따라서 '의증의 상相'과 '긴긴밀밀한 관법'을 앞세운 고답적이고 추상적이며 현학적인 선은 환상일 따름이다.

그럼 진정한 선은 무엇인가? 선은 오직 정신통일뿐이다. 침묵의 정진에서 이론과 지식을 떠나고 '종교의 암묵적 암시'에서 벗어날 때 비로소 진정한 선을 체험할 수 있다.

그때 출현하게 되는 것이 맑음이다. 맑음은 추상적이거나 형이상학적 표현이 아니다. 맑음은 영육靈肉의 보편적인 것으로 묘한 작용(妙用)을 대동하여 마음의 본체로 깊숙이 인도한다.

청정을 맑음과 동시에 공空으로 표현하는 까닭은 때묻지 않은 순수자연을 설명하고 있기 때문이다. 이들은 성령聖靈이며 불성佛性이며 법력으로, '위대한 실체'의 또 다른 모습이다.

맑음과 묘용妙用의 체험 없이 선을 논한다는 것은 어떠한 이론이나 논리로도 불가능하다.

"내가 만약에 마음의 본체를 알고자 하면
다만 일체 선악을 모두 생각하지 아니해야 한다.
그러면 저절로 청정한 마음의 본체에 들어가서
지극히 그윽하면
묘용이 항하 모래 수처럼 많을 것이다."
(『달마어록』)

3.

공

어떤 선사가 제자로부터 어떻게 해야 깨달음에 이를 수 있느냐는 질문을 받았다.

선사: 그것은 삼라만상이 공空인 것을 꿰뚫어봐야만 가능한 것이니라.

제자: 공이라고요? 하지만 그것은 의식으로 볼 수 있는 것이 아니지 않습니까?

선사: 의식으로 보는 행위가 있다고 해서 대상이 사물로 지정된 것은 아니니라.

제자: 만약 그것이 사물로서 가리킨 것이 아니라면 의식으로 보는 자체는 무엇입니까?
선사: 아무것도 없음을 보는 것이다. 이것이 참으로 보는 행위요, 영원한 봄이니라.

 공空

불교는 '공空'을 설명할 때 현상이 '나타나지만' 그것이 고정된 실체의 존재를 반영하지 않는 것으로 결론짓는다. 그럼 공空은 무無인가? 천만에, 무언가가 생겨나거나 작동할 수 없으며 또 작용이 불능인 '무'와는 다르다.

노장사상에서 말하는 무극無極과 같다. 무극에서 태극이 나오고 태극에서 음양중陰陽中이 나오는 이치와 같다.

무無에는 아무것도 없는 반면 '공'은 곧 보편적인 가능성, 즉 운동, 의식, 존재를 비롯하여 넓게는 우주 전체를 의미한다. 다르게 말하면 공은 유기적 공으로 궁극적인 본성을 뜻한다.

과학적인 물질의 본성은 세포, 분자 그리고 원자, 그 속의 핵과 전자로 구성된 근원적인 실재다. 현대물리학에서의 '전자를 물질인 입자로, 비물질인 파동으로도 생각할 수 있다'는 이론은 어쩌면 공의 도리를 뒷받침하는 분위기다.

원자는 '분할할 수 없는 미립자'다. 그 안에 형성된 '핵과 전자電子'는 눈에 보이는 사물들의 최종 모습이다. 우리는 흔히 삼성전자. 엘지전자 등 전자라는 말이 익숙하지만 실은 그렇게 쉬운 용어가 아니다. 원자를 구성하는 너무나 미세한(?) 작은 물질이다. 그들은 물질이면서도 비물질인 파동이다.

실재가 존재하지 않는다는 사실을 설명할 때 흔히 나무책상의 예를 든다. 책상의 요소들을 분해하면 그것은 이미 책상이 아니다. 그것은 나무다리와 나무판 등등이다. 이어 이것들을 톱밥으로 환원하면 이러한 요소들이 이번에는 그 정체성을 잃게 된다.
이제 그 톱밥 알갱이를 조사하면 분자가 보이고 그 다음에는 원자가 보일 것이다. 묘하게도 '원자(atome)'는 그리스어로 '분할할 수 없는 것'을 의미한다.

20세기 위대한 물리학자 중 한 사람으로 예일대학 교수를 지낸 헨리 마르지노Henry Margenau는 "19세기 말 사람들은 모든 사물 형성의 간섭작용에 물질적 대상이 내포된다고 주장했다. 그러나 오늘날 이 주장은 사실로 받아들여지지 않고 있다.

그보다는 오히려 에너지장의 상호작용 혹은 비물질적인 다른 힘들이 문제된다고 생각한다."라고 하였다.

그리고 하이젠베르크Heisenberg는 "원자는 사물이 아니다.", 또 버트런드 러셀Bertrand Russelt은 "소위 전자라는 작은 공 형태의 견고한 덩어리가 있다는 생각은 촉각의 개념에서 파생된 상식의 부당한 간섭이다. 물질이란 사실 존재하는 것이 아니라 아무것도 없는 곳에서 일어나는 것을 기술하기 위한 편리한 공식에 불과하다."며 무신론적인 이론을 첨가했다.

또한 제임스 진즈 경Sir James Jeans은 "우주는 커다란 기계보다 위대한 사유와 더욱 유사해지기 시작했다."라고 말하기까지 했다.

물질의 세포와 분자까지를 물질이라고 한다면 원자는 결코 결정된 유일한 양상으로 존재하는 고정된 실체로서 간주될 수 없다는 얘기다. 따라서 이러한 미립자들로 구성된 생물이든, 무생물이든 대략적인 현상의 세계가 고정된 실재가 결코 될 수가 없다는 것을 의미한다.

물질의 근원

그럼 물질은 어떻게 생기는 것일까? 원자와 다른 원자들의 결합이다. 그렇다면 원자와 다른 원자들이 서로 접하게 될 경우, 예를 들자면 한 미립자의 동쪽이 또 다른 미립자의 서쪽에 접할 것이다. 그러나 이것들이 방위를 갖는다면 다시 분할될 수 있고 그러면 자신이 '분할될 수 없는' 원자의 특징을 잃게 된다.

그리고 측면이나 방위를 갖고 있지 않다면 그것은 그때 차원이나 두께, 실체가 없는 수학의 점과 같아질 것이다. 차원이 없는 두 미립자를 모으려고 시도하면, 서로 접하지 않아 모여질 수 없거나 혹은 접촉하면서 섞일 것이다. 그래서 분할될 수 없는 미립자들이 산처럼 모여도, 그것은 입자들의 단 한 입자로 섞일 것이다.

결론은 물질의 구성요소로 이미 약속된 미립자들은 존재할 수 없다는 것이다. 미립자는 독립적으로나 절대적으로 존재하는 실체를 갖지 못한다. 단지 관습적이며 상대적인 존재만을 가지고 있을 따름으로 원자는 단지 물리학 개념의 이름표에 불과하다. 결국 물질 구성의 요건은 불가항력적인 인연에 의한 것임을 수긍할 수밖에 없는 셈이 된다.

일찍이 고대 철학자들은 물질의 궁극적 구성요소가 마치 생물체처럼 조직되는 원자들이라는 생각을 갖게 된다. 어떻게 원자들이 서로 모이며, 왜 어떤 것들은 다른 것들과 모이는가를 설명하기 위해서 '갈고리가 달린' 원자이론을 고안해냈다.
물론 상상이긴 하지만. 어떤 원자들은 다른 원자들과 결합하도록 유도하는 갈고리를 가지고 있고 또 다른 원자들은 그렇지 못하다는 설명이다. 이것이 인과의 계약 법칙인 '신神의 법칙'이다.

현대물리학은 92개의 원소를 찾아내고 물질이 구성되는 과정인 각각의 결합 방법 등을 밝혀냈다. 물은 산소와 수소의 결합이라든가 소금은 염소와 나트륨의 결정체인 것을 과학적으로 풀어냈다. 이어서 원자의 구성요소인 핵과 전자의 성질을 발견했다.

전자는 핵의 주위를 빛의 속도로 돌고 있음을 찾아냈으며, 각기 원소에 따라 전자의 개수가 다름도 밝혀냈다. 따라서 원자와 원자의 결합은 핵을 중심으로 회전하는 바깥 부분의 불완전한 전자끼리의 유착으로, 이것이 물질을 만들어냄을 알아냈다.
물론 원소 중 6개는 완전한 전자들의 모임으로 물질로 변형되지 않는 것까지 포함해서.

현대물리학은 생명의 탄생은 물질이 아닌 파동에서 시작하여 물
질로 태어나고, 생명이 다하면 다시 비물질인 원자로 환원된다는
공空의 사상에 힘을 실어주고 있다.
이러한 과학적 사실은 현상의 확고부동함에 대한 우리의 개념을
파괴하는 데 기여한다. 바로 이러한 의미에서 불교는 현상의 궁
극적 본성이 공이며, 이러한 공은 그 안에 현상의 무한한 잠재성,
즉 신비를 담고 있다고 주장한다.

 계정혜

결론적으로 실체가 없는 그 원자와 관련된 이론, 즉 독립적인 미
립자들의 개념을 지식의 창고에 영원히 저장하고 항시 상기함으
로써 현상계와 자아의 실재성에 대한 집착에서 벗어날 수 있게
된다. 집착은 그것(사물과 자아) 모두가 몽환포영夢幻泡影임을 인
지하고 그 허구성을 인식할 때 비로소 해소된다는 말이다.

그러나 이론적인 분석과 결론이 모든 고통을 씻어내기에는 그래

도 무언가 부족하다. 흔히 두뇌로 아는 지식보다는 가슴으로 깨달아야 한다고 말한다. 우리가 현실을 대하는 행복과 불행의 평가는 지적인 분석보다는 본인 스스로의 마음에 달려 있다.

종교와 철학은 인간 현실의 모든 것이 그 자체로 개선될 수 없다는 것을 공통석으로 인정한다. 개선할 수 있는 방법은 오직 하나, 우리의 정신 현상뿐으로 본인의 마음보에 달려 있다는 것이다. 작은 것에 만족하는 행복이 진정한 평화인 셈이다.

그러기 위해서는 교학의 이론도 중요하지만 결국은 정신수양을 통하여 현실의 상황을 긍정적으로 받아들일 수 있는 개인적인 지혜에 달려 있다.
지식적인 앎보다는 관용과 인내, 너그러움이 지혜다. 행복은 물질이나 천재성보다는 정신작용에 의한 것이기 때문이다.

다시 고통의 근원으로 돌아가자. 그럼 고통은 어디서 오는 걸까? 정신의 고통은 수없이 혼란스러운 감정들로부터 나온다. 고통의 원인은 자기중심적이고 이기적인 생각이 주가 된다. 일상에서 마주치게 되는 작은 어려움과 거북함도 곧바로 불편으로 연결되면서 스트레스를 가중시킨다.

사소한 일에도 너그럽게 대하지 못하고 상심하여 왕짜증이 된다. 지나고 보면 아무렇지도 않았던 일에 감정을 자제하지 못했음을 후회하게 된다. 그럼 어떻게 마음을 다스릴까?

분노는 인내로 다루고 욕심은 집착을 놓으면서 해결하고 어리석음은 분별심을 향상시킴으로서 해결된다. 이는 우리가 이미 알고 있는 보편적 상식이다.

결국 정신수양은 감정으로부터의 자유를 뜻한다. 감정은 생각에서 비롯되는 바 우선 잠시 동안 생각의 흐름을 중단시키는 인내가 우선이다.

참을 인忍은 정신수양의 핵심이다. 불전佛典의 3학(계정혜)은 계를 지켜 선정에 들면 지혜를 얻을 수 있음을 설명하고 있다.

지계持戒란 계율을 지키는 것으로 마음을 다스리는 행위다. 요즘 말로 심리치료도 포함할 수 있다. 부정적인 생각들을 긍정적으로, 이기적인 마음을 이타적으로 변화시키는 작업으로 여기에서도 인내가 중요하다. 이것은 동서양을 통틀어 긍정과 낙관주의로 사람의 마음을 편안하게 만드는 보편적 전통이기도 하다.

그러나 심리치료는 자기최면적 요소가 대부분이다. '의식을 동원하여 암시를 만들어 인내해야 하는 것'이 자기최면의 바탕이 되기 때문이다.

서양의 명상과 불교의 선이 다른 까닭이 바로 여기에 있다. '구하거나 의지하거나 상相을 짓는' 행위는 바로 자기최면이 된다. '최면상태의 트랜스'와 '선의 체험에서 나오는 삼매'는 반드시 구분되어야 한다.

기독교와 불교

구하라 그러면 받을 것이요
찾아라 그러면 얻을 것이다.
두드리라 그러면 열릴 것이니라.

"누구든지 구하면 받고, 찾으면 얻고, 문을 두드리면 열릴 것이다.
너희 중에 아들이 빵을 달라는데 돌을 줄 사람이 어디 있으며
생선을 달라는데 뱀을 줄 사람이 어디 있겠느냐?
너희는 악하면서도 자기 자녀에게 좋은 것을 줄 줄 알거든
하물며 하늘에 계신 너희 아버지께서야
구하는 사람에게 더 좋은 것을 주시지 않겠느냐?" (마태 7:7-11)

성경은 온 마음을 모아 '하느님 아버지께 정성을 바치며 두드리고 구하고 찾아라'며 엄마젖을 보채는 어린이의 애절함으로 매달리라고 주문한다. 그러면 하늘의 문을 열어 줄 것이라고! 교회는 정성을 다하여 기도하고 매달리면 소원이 이루어진다며 새벽기도와 철야기도에 가치를 두고 믿음을 대신한다.

교회 기도는 총의식을 동원하여 하느님에 대한 감사와 은총을 간구하는 지향성일 때 그 결과를 보장한다. 그러나 불경은 간절함보다는 무착을 강조하면서 '배부른 사자가 얼룩말 보듯'을 요구한다.

그러면서 의식을 동원하면 집착에 빠지고, 그렇다고 의식을 동원하지 않으면 무기공에 빠짐을 경고하고 있다.

이렇게 해도 틀리고 저렇게 해도 틀린다. '의식이 있는 것도 아니요, 있지 않은 것도 아닌 것'이라며 묘한 언어를 되풀이한다.

  당나라 때의 시인 백낙천이 유관스님께 묻기를, "이미 분별이 없으면 어찌 마음을 닦습니까?"

  그러자 스님께서 말씀하시기를, "마음은 본래 손상이 없거니 어찌 닦는 것을 필요로 하겠느냐? 더럽거나 깨끗한 것을 논하지 말고 일체 생각을 일으키지 말 것이니라."

백낙천이 또 묻기를, "더러운 것은 생각하지 않는 것은 당연하나 청정한 것도 생각이 없는 것이 옳습니까?"

스님께서 말씀하시기를, "사람의 눈동자에 티끌이 있으면 안 되는 것 같이, 금가루가 비록 보배이지만 눈에 있으면 또한 병이 되느니라."

백낙천이 또 묻기를, "닦는 것도 없고 생각함도 없다면 범부와 마찬가지인데 어찌 수행자라 할 것입니까?"

스님께서 말씀하시기를, "범부는 무명無明이고 소승법은 집착이니 이 두 가지 병을 떠나면 이것이 참으로 닦는 것이 된다. 참으로 닦는 것은 부지런하려고도 하지 않고 잊어버리지도 않는 것이다. 부지런한 것은 집착에 가깝고, 잊어버린 것은 무명에 떨어지는 것이라 이것이 심요心要가 된다."

의식을 불러도 안 되고 의식을 놓아도 안 된다니 알 것 같기도 하고 모를 것 같기도 하다. 수행자에게 의식은 필요악이다. 자아가 만들어내는 의식은 대자연과의 교감을 방해하는 요소일 따름이다.

의식이란 육신을 위해서는 반드시 필요한 것이지만 영적인 훈련을 위해서는 방해꾼이 됨을 새삼 지적하고 있다.

'의식을 가진 생명체로 태어난다는 것 자체가 이미 영혼의 타락을 의미한다'는 가톨릭 수도사의 말이 귓전에 맴돈다.

🔘 무심無心이 아닌 무위無爲로

세상은 자신의 욕망을 성취하기 위해서, 또는 특별한 목적을 달
성하기 위해서 새롭고 독특하고 효과적인 방법으로 개인의 자아
를 고양시킨다.
어떤 것에 마음을 두고 그것을 얻기 위해 애쓰고, 그리고 그것을
얻었을 때는 그것을 지키면서 즐기고, 영원한 안락을 얻기 위해
자신의 의지와 힘을 사용한다.
행복은 그가 바라던 것을 얻고 그것이 그의 소유로 남아 있다는
확신 속에 존재함을 의미한다.

그러나 불교의 근본원리는 이러한 의식에 바탕을 둔 주체성이
거짓이라는 것이다. 그러한 자아가 확실한 근거가 있는 가능성
으로 존재한다 해도 그것은 찰나적으로 자각되고 즐길 수 있을
뿐이다.
그것이 지나고 나면 고통과 죽음, 그리고 욕망에 뿌리를 둔 일련
의 해악만이 남는다. 그와 같은 의식은 단지 욕망에 의해 타오르

는 환영幻影의 불길, 화택火宅임을 강조하고 있다.

특히 수행자는 이러한 개인적 자아의식에 의한 인식은 오류와 고통의 뿌리임을 중시하고 있어야 한다. 『금강경』에서는 아상, 인상, 수자상, 중생상을 버려야 함을 거듭 강조하고 있다. 그런데 수행의 최고 비결로 전해지는 것들 중에 의식의 결정판이 있다는 사실이 무척이나 이해하기 힘들다

🌀 남방불교의 위빠사나

"마음의 오염(번뇌)으로부터 자유로움을 얻는 것을 포함하여 일곱 가지의 이익을 얻기 위한 하나의 길이며 해탈하는 유일한 길이 있다, 그것은 네 곳에 마음 집중하는 '몸에서 일어나는 감각의 느낌, 마음에서 일어나는 법法'을 관하는 사념처 위빠사나(Satipatthana Vipassana)이다."

삿띠sati란 말은 알아차림 혹은 마음집중(念)을 의미하고, 팟타아나pattana는 네 곳의 마음집중의 대상(身-몸의 감촉, 受-느낌, 心-마음, 法-진리)에 굳건하고 밀밀하게 뿌리내리고 있는 것을 뜻한다. 그러므로 '삿띠 팟타아나'는 관찰되는 대상에 대한 관찰, 즉

마음집중이 확고하고 밀밀면면하게 건립되는 것을 말한다.

…… 팟타아나pattana에서 파pa는 초강력超強力의 의미를 담고 있어 '팟타아나'는 보통의 상태로 관찰 대상에 밀착되어 있는 것이 아니라, 초강력으로 완전하게 밀착되어 있는 상태이다. 그리고 '삿티 팟타아나'의 의미는 마음 집중(관찰, 알아차림)이 관찰 대상에 파고들어 대상 속에 계속 이어지는 것을 말한다.

…… 여기에서 대상을 파고드는 것은 전광석화처럼 단도직입적으로 흐트러짐 없이 뛰어드는 형태여야 한다. 이와 같은 알아차림은 돌이켜 생각하거나 분별함이 없는 직관적인 통찰로서, 대상에 즉각 파고들어 계속 이어지면서 굳건하게 자리 잡는 지혜의 관찰이다.

…… 이와 같은 마음집중의 복합적인 의미는 일어나는 대상을 즉각적으로 확고부동하게, 전심전력으로 포착하고 파고들어, 계속 빈틈없이 밀밀면면하고 성성적적하게 현 당처를 내관內觀하는 직관적인 관찰법이다. 한마디로 '삿티 팟타아나'는 네 곳의 관찰 대상에 초강력적으로 확고부동하게 굳건히 머무는 그 마음집중(Sati)을 뜻한다.

(김열권 저, 『위빠사나』에서)

남방불교의 '위빠사나'는 집중이 몸과 마음의 흐름에 밀밀면면하게 파고드는 것으로 석가 부처님의 유일한 정통 수행법임을 강조하여 논란의 소지가 된 적도 있었다. 집중의 한 수단으로 관법은 훌륭한 역할을 하지만 송곳처럼 파고드는 의식의 집중은 또 다른 우愚를 부른다.

일심一心의 집중은 에너지를 만들 수 있지만 강한 집착을 유발한다. 왜 집착을 경계해야하는가? 집착은 동기반응을 일으켜 마구니를 부른다. '응무소주 이생기심'은 집착하지 않는 마음을 깨달음의 길이라 설명하고 있다.

결국 무심無心은 착着을 놓는 것을 의미한다. 자아自我를 쉬게 하여 6근(안이비설신의)과 6진(색성향미촉법)과 6식(안식, 이식, 비식, 설식, 신식, 의식)을 잠재우는 것이다.
그런데도 불구하고 또다시 밀밀면면하게 송곳처럼 의식을 곤두세우는 행위는 무심과는 십만 팔천 리 멀어진다. 이것은 "구求하지 말며, 상相을 짓지 말며, 의지하지 말라"는 불전의 말씀에 상相을 만드는 행위로 규탄 받아야 마땅할 것이다.

간화선의 화두법

"이 뭣꼬?"는 '이것이 무엇이냐?'의 경상도 사투리로 성철스님 이후 화두話頭의 대명사가 되었다. 이것이 무엇이냐의 단순한 물음이 아닌 '나는 누구인가? 인생은 어디서 왔다가 어디로 가는 걸까?' 등등의 철학적인 인생사뿐 아니라 본성을 찾기 위한 공안 公案의 절대절명의 의문부호이다.

화두의 핵심은 첫째가 신심이며, 둘째가 분한 마음(忿心)이며, 셋째는 의심하는 마음이다. 그중에서도 의증擬證이 생명이다. 흔히 화두를 든다는 것은 단순한 마음의 집중으로 생각하기 쉽다.
하지만 그것은 몽중일여夢中一如가 되도록 의심하고 또 의심하여 절대로 놓아서는 안 된다. 거의 파괴적으로 화두를 들고 의심하고 또 의심해야 한다.
마침내 거대하고 어마어마한 은산철벽을 눈앞에서 만날 때 의증은 산산조각 파괴되고 고요와 적막만이 수행자를 기다릴 것임을 강조하고 있다.

2002년 12월 말, 지리산 실상사에서의 선승들의 특이한 모임이 매스컴에 소개되어 눈길을 끌었다. 실상사는 신라 고찰로써 우리나라 최초로 선불교를 수입한 당대 최고의 선찰禪刹이다.

주제는 '왜 간화선이어야 하는가?'로, 선승들의 객론이 미공개로 소개되었다.

이는 조계문중에서도 '간화선의 화두'에 문제가 있음을 밝히는 듯하다. '화두'가 유발하는 상기병의 병적인 원인보다는 오히려 대각의 결과물이 없다는 사실에 대한 문제의식이다.

결론적으로 달마대사 이후 전해진 수행법이 과연 간화선뿐인가? 에 대한 토론이다.

'간화선의 화두'는 당唐 멸망 후 송대宋代에 시작되어 전해진 것이다. 초조初祖 달마는 전혀 모르는 일이며, 당唐 대의 6조 혜능선사 때에도 없었다. 따라서 달마께서 화두 드는 방법을 직접 가르친 것도 아니며 6조 혜능선사 또한 가르친 바가 전혀 없다. 그 이후에 생긴 것이 '간화선의 화두'다.

그러나 화두란 어휘는 철학적인 의문부호의 상징으로 회자되어 '화두선'으로 진보하면서 독특한 수행의 산맥을 이루어 현 한국불교의 조계종이 주축이 되어 계승 발전되고 있다.

수행의 방법이야 여러 선승들이 경험하고 시행하여 나무랄 것이 없겠지만, 그것들이 불교의 무심법과 과연 상응하느냐가 문제가 된다. '뭐 묻은 개가 뭐 묻은 개를 비웃는다'고 할지언정 화두의 결정판인 의증의 철저함을 거론하지 않을 수가 없다.

의식의 철저함은 두뇌의 피로를 증폭시켜 흔히 말하는 스트레스성 질환을 발생시킨다는 것이 현대의학의 소견이다. 그래서 음악이나 스포츠를 통하여 심신의 이완을 권장하고도 있다.
특히 정신집중은 두뇌에 과부하현상을 일으켜 두통을 유발시키므로 누구나 쉽게 정신질환을 앓을 수 있다. 이것이 상기上氣병이다. 기가 역상하여 생기는 정신질환으로 심하면 정신분열증으로 이어진다.

8선정

마음을 하나의 대상에 전주專主하여 산란하지 않게 하는 사마타 수행에는 8가지 단계의 선정禪定이 있다. 여기에는 색계色界의 4선정과 무색계無色界의 4선정이 있다.
색계란 물질계를 말함이고, 무색계란 눈에 보이지 않는 세계를 말한다. 사마타의 8선정이란 8단계의 신통을 말한다. 눈에 보이는 4단계의 초능력과 눈에 보이지 않는 4단계의 신통이다.

8선정은 도가道家, 요가, 수피(이슬람의 신비주의) 등과 본질적으로 틀리다고 할 수 없는, 대대로 전해오던 수행법이다. 부처님 자신도 깨치기 전에는 이 수행법으로 통달하였으나 여기에 만족할 수 없어 두 분의 스승을 버리고 보리수나무 밑으로 갔던 것이다. 그곳에서 무상정등정각을 얻을 수 있었던 비결은 무심無心의 마음법이었다.

불교가 다른 종교와 다른 점은 의식의 활용 유무에 중점을 두고 있다는 점이다. 일심의 집중은 의식이 관계하는 것이라면 무심은 의식의 작용을 쉽게 하는 정신통일이라고 표현할 수 있다.
도가, 요가, 수피 등도 나름 초능력을 나타낼 수 있다. 초능력이란 물질의 법칙을 벗어난 이상하고 괴이한 일의 총칭이다.
고로 어떤 형태의 수행기법일지라도 몰입과 정진을 하면 초자연적인 에너지를 만들 수 있다. 그러나 그것은 보여주기 위한 눈요깃감으로 유한의 에너지일 따름이다.

불교에서 하늘의 세계를 33천으로 나누어 설명하는 것은 이 때문이다. 밑에서 보면 하늘의 세계일 수도 있다. 하지만 무상정등정각의 위치에서 내려다보면 모두가 쓸모없는 에너지의 단계일 따름이다. 초능력의 에너지와 맑음의 법력은 유한과 무한의 차이다.

맑음은 무심과 동행한다. 무심의 마음법은 신통의 일심과 달리 기교와 비법을 놓는 것을 말한다. 그러나 무심도 일반적 무심이 아닌 무위無爲여야 한다.

'함이 없는 함'인 무위는 자연과의 소통이며 동화다. 기교나 비법으로 정신을 집중하는 일심에서 나오는 무심은 진정한 무심이 아니다.

"구하지 말며, 상을 짓지 말며, 의지하지 말라"는 불전의 말씀은 기교나 비법을 동원하는 일심에 경고의 일침을 놓고 있다.

무기공

수행자는 자아의 의식을 경계해야 한다. '응당 머무름 없이 내는 마음(應無所主 而生其心)'이란 의식의 경계령 1호다. '경험적인 나'는 내가 중심이 되어 아집我執과 법집法執을 만들 뿐으로 주관과 객관을 초월한 무심無心과는 반대적 관계다.

그러나 의식을 제거하는 작업이 사실상 너무나 어렵고 미묘한 것이어서 초심자는 혼자 힘으로는 불가능하다. 그래서 불전의 말씀이나 앞서가는 선지식의 도움을 찾아 출가를 하고, 찾아다니는 것이다.

무심이 어려운 것은, 떠오르는 생각을 지우는 것도 힘들지만 막상 의식을 쉬게 하면 고요 속에서 만나는 적적寂寂을 공空으로 착각하는 우를 범하게 되기 때문이다.
그러면 자칫 자가당착에 빠져 불전에 있는 모든 수행법이 방편이요 뗏목이라며 무시하고 무조건 공을 주장하게 된다. 악혜공惡慧空, 단멸공斷滅空, 무기공無記空은 그 병폐가 너무 심각하다.

진리가 공空하다 하여 아무 일도 행하지 않음을 공이라 하고, 공이라는 궤변을 깨달음의 변재로 미화하며, 공이 최고인 줄 알고 공에 집착해서 죄와 복이 둘이 아니라고 계戒를 우습게 아는 나쁜 지혜로 둘러싸인 공이 있다.

다시 말해 악혜공은 공이 최고인 줄 알고 공에 집착해서 악혜惡慧로 취하는 공空이다. 즉 좋은 지혜가 아닌 나쁜 지혜이다. 또 단멸공은 아무 생각이 없어서 그냥 맹탕인 무無의 상태다.

그리고 무기공은 혼침무기에 빠져 멍한 상태의 치매와 같은 아무런 의미도 없는 멍청한 공이다.

불가佛家에서는 사법邪法의 수련법도 경계하지만 그보다 더 중한 경계령이 무기공이다. 흔히 좌선을 최고의 가치로 알고 고요 속에 빠져 평생을 허비하는 무기공의 황당함은 '벽돌을 갈아 거울을 만들겠다'는 조사의 가르침도 무색해진다.

무기공無記空, 즉 돌이나 나무와 같은 무정물의 공에 빠지지 않기 위해 꼭 필요한 것이 있다. 그것은 '화두의 의증'도 아니요, '긴긴 밀밀한 관법'도 아니다. 오로지 '구하고 의지하며 상을 짓는 종교의 암묵적 암시'에서 해방되는 것이다.
의식을 동원하지 않는 기교와 비법이 없는 수식관의 정신통일만이 무기공을 타파하고 달마조사께서 언급한 묘한 작용(妙用)을 만들어낸다.

절대 진리, 지혜의 공은 비어 있으면서도 비어 있지 않은 '묘한 작용'과 '묘한 촉감'이다. '남방불교의 위빠사나'는 성성惺惺을 너무 강조하여 긴장의 늪으로 몰아가고, '간화선의 화두'는 수행자의 두뇌를 과부하의 늪으로 유도하며, 덩달아 '의식의 지속적 긴

장'은 매너리즘에 빠져 무기공의 적적寂寂으로 변하여 그 폐해가
사뭇 크지 않을 수 없다.

의식의 긴장이 성성惺惺을 만들고 의식의 죽음이 적적寂寂을 부
른다. 도道는 성성적적이다. 성성惺惺만 있어도 안 되고 적적寂寂
만 있어도 아니 된다. 성성적적惺惺寂寂은 고요 속에 나타나는 묘
한 작용(妙用)의 이름이다.

관觀

불교에서는 생각을 진정시키기 위한 여러 가지 수행기법을 동원한다. '간화선의 화두'는 신심信心과 분심忿心과 의증疑症을 동원하여 생각의 꼬투리를 점령해 나간다.

또 '위빠사나'는 이른바 '한 점'에 집중하는 훈련을 권한다. 덧붙여 자비심과 예불로서 마음을 다스리고, 또 일반신도들은 염불이나 관음정근 등 내적 대상을 이용하기도 한다.

그러나 앞서 지적했듯이 고급 수행자의 영적인 훈련은 의식의 긴장이 아니라 의식의 이완이다. 하지만 초심자는 세속의 번뇌망상을 멈추기 위해서는 먼저 생각을 정리하고 정신을 집중해야 한다. 집중하기 위해서는 깨어 있어야 하고 그러기 위해서는 의식의 활용이 필수다.

관觀은 집중의 엑기스다. 정진의 시간이 흐르다보면 어느 날 마음의 눈으로 볼 수 있는 심안이 개발된다. 이것이 관이다. 육신의 눈으로 보는 것은 견見이며 마음의 눈, 초자연적인 의식으로 보는 것을 관觀이라 설명한다.

정진의 시간이 쌓이고 또 쌓이면 곧이어 투명하고 맑은 평정상태에 도달한다. 이때쯤 '나'라는 의식이 사라진다. 그것이 삼매다. 독서삼매처럼 책을 읽고 있는 '나 자신과 책'이 하나가 되어 주체와 객체의 이분법이 더 이상 존재하지 않는다.

결국 삼매에 들기 위해서는 '내가 없는' 정신통일이 우선이다. 기도나 염불은 종교적인 지향성이 돈독하다. 철학자와 반종교적 과학자들은 종교의 교리를 '독실한 신자들의 은밀한 음모'라 규정하면서 공격의 대상으로 매도하기도 한다.

물론 그들의 생각이 모두 옳다고 할 수는 없다. 비록 믿음의 종교라도 해도 박애정신과 이타심으로 마음의 평화와 기적의 사례를 선사하고 있는 것 또한 사실이다. 그러면 그들은 또 덧붙여 그것들은 최면상태의 평화이거나 환상이라고 주장한다.

그러나 고등종교가 인류를 위해서 노력하고 있고 또 훌륭한 결과를 나타냄으로써 인류공존의 기틀을 마련한 것도 사실임을 인정해야 한다.

우리는 이곳에서 신학과 과학, 철학을 논하고 있지 않다. 오직 '선의 체험'과 함께 깨달음을 전하고 싶을 뿐이다. 따라서 이론과 분석이 아닌 실제 체험인 정신통일의 방법을 설명하고 있다.

결론적으로 우리는 두 가지 길을 선포하고자 한다. 하나는 '종교적 암시에 의한 믿음의 세뇌'로 최면적 고요를 즐기면서 일생을 마감하거나, 그렇지 않고 그들과는 다르게 모든 것에서 초월하는 '자유인이 되어 깨달음을 얻는 길'을 선택할 것인가를 고민해야 할 것이다.

분노를 다스리다

불교는 삼독(탐진치)의 정복을 지상과제로 삼는다. 욕망(貪)에 대해서는 집착을 놓기 위해서 노력하며, 분노(嗔)에 대해서 인내를 발휘하고, 분별력이 부족할 때(癡)는 인과관계에 대한 분석력을 키우는 것을 계율로 삼는다.

물질적 욕구는 상황에 따라 조절이 가능하지만 분노는 시간과 장소에 구별 없이 표출된다. 그렇다고 함부로 자신의 감정을 표출하거나 분노를 마음껏 터뜨리면 증오만이 생겨날 뿐이다.
개인은 물론 국제사회도 마찬가지다. 실제로 지나온 역사를 돌이켜보면 증오가 결코 어떠한 갈등도 해결하지 못한다는 사실을 잘 보여주고 있다.

그럼 분노의 덩어리는 왜 생기는 것일까? 인간의 마음을 오욕칠정으로 풀이한 옛사람들의 지혜가 돋보인다. 불편한 감정은 가슴에 응어리를 만들고 언행을 엉망으로 만든다.
그러나 증오라는 감정을 깊이 주시하면 그것이 저절로 폭발하거나 뜨거운 용광로 불처럼 우리를 태울 수도 없다는 사실을 알게 된다.

분노라는 감정은 처음에는 아주 사소한 생각에서 시작되어 점점 커져 가는 비구름처럼 확대 재생산되는 과정이 전개된다. 마치 여름날의 시커먼 구름과 같다.
멀리서 보면 매우 거대하고 견고해 보여 손오공의 구름처럼 그 위에 앉을 수도 있을 것 같지만 잘 알다시피 구름을 통과할 때는 아무것도 보이거나 만져지지 않는다.

마찬가지로 어떤 분노의 생각 한 가지를 주시하고 그 원천으로 거슬러 올라가면 확실한 것은 아무것도 없다는 사실이다. 이는 의식의 작용을 찾아 마음의 눈으로 보는 행위다. 바로 이것이 관법이다.
관觀은 '생각의 본말을 주시하면서 그 비어 있음을 알아보고 생각을 해방시키는' 과정이다. 이렇게 해방된 생각은 연쇄반응을 일으키지 않고 연기처럼 흔적 없이 사라진다.

하지만 고급 수행자의 관법은 초심자의 관법과는 그 길이 다르다. 분류해보면 초보적 관법이 의식의 집중이라면 고급 수행자의 관법은 무의식의 집중으로 표현할 수 있다.

여기서 말하는 무의식은 현대심리학에서 말하는 무의식과는 전혀 다른 개념이다. 이 무의식은 의식적인 마음 안에서 비밀스럽게 일하고 있는 본성의 빛으로 존재의 근원, 위대한 실체와 연결되어 있다.

이러한 순수의식은 순수주관을 가지지만 더 이상 주관이 아니다. 순수의식은 공空이고 공은 순수의식이다. 공은 순의식과 다르지 않고 순의식은 공과 다르지 않다.

이때쯤 이들을 증명하는 공은 유기적 공으로 화化하면서 묘한 작용이 나타난다. 묘한 작용은 자아의식이 모두 사라진 순수의식일 때 삼매의 안내자 역할을 겸한다. 삼매의 초입에서 다가오는 묘한 작용(妙用)은 유위가 아닌 무위無爲를 대변하고 있다.

왓칭watching

'선의 체험을 통한 무심의 관법'을 모르는 서구문화는 관법을 자기들 식으로 해석하고 있다. 눈으로 보는 것처럼 단지 '주관적 의식이 관여하는 집중'을 왓칭watching으로 번역하면서 심리치료용으로 응용하고 있다.

심리치료학에서 추구하는 낙관주의적 시각은 사람의 마음을 편안하게 만드는 지혜의 보편적 전통이다. 그곳에다 불교의 관법을 현실적으로만 접근하면서 의식적 봄(watching)과 자기 최면적 암시의 이미지를 덧붙여 심리치료의 효능을 주장하고 있다.

그러면서 분노의 멍울을 지우듯 모든 스트레스성 질환에도, 그리고 통증을 수반하는 환부에도 의식의 집중을 만병통치식으로 권장한다. 덩달아 미국 유학파 모 방송국 외국특파원기자까지도 왓칭의 위대성을 홍보하며 명상 관계 서적을 출판하고 있다.

그렇다면 표현의 언어는 동일한데 왜 서로가 이토록 극명하게 다른가? 결론적으로 왓칭watching이 주관적 의식의 작용과 운용인 염력念力이라면, 반대로 관법은 무념에서 바라보는 '함이 없는 함', 즉 무위無爲로써, 스스로 이루어지는 것이라 말할 수 있다.

의식의 동원에서 출발하는 '왓칭'은 두뇌의 산만함을 정리하는 효과를 가질 수 있을지언정 그 힘은 유한하다. 가끔 물질의 법칙을 초월한 신비한 현상 등으로 세인들에게 각광받을 순 있겠지만 심리치료용 정도에 불과하다. 더구나 습관적으로 의식을 동원하는 왓칭은 관습적인 집착으로 변신할 수 있다.

다시 말하면 심리치료는 정신적 장애가 있는 환자용이다. 건강한 사람이 아프지도 않는데 미리 감기약을 복용하는 것처럼 심리치료 역시 정신과 치료의 일종으로 긴강인은 정신적 장애를 일으킬 수 있는 맹점이 있다.

따라서 잘못된 관법의 서구식 윗칭은 정신과 질환을 유발할 수 있다. 왜냐하면 왓칭은 염력으로 초능력의 한 부분이기 때문이다. 초능력은 영적인 세계와 연결되어 있어 지속하면 영적인 장애를 수반할 수 있음을 절대 잊어서는 안 된다. 부연하면 스트레스성 두통은 왓칭보다는 운동이 보약이다.

한편 '선의 체험에서 나오는 무심의 관법'은 존재의 근원, 본성의 힘과 하나가 된다. 따라서 건강은 물론 초자연계를 섭렵하고 지난 생의 업장소멸을 진두지휘하는 절대계의 법력이 된다.
선의 실천을 통하여 얻어진 관법의 유용성은 이론과 분석만으로는 결코 그 영역을 이해하지 못한다.

'구하지 말고 의지하지 말며 상을 짓지 않는' 의식의 집중에서 진화된 관법은 마침내 무의식의 정신통일로 이어진다. 이때 비로소 맑음의 에너지를 양산한다.

맑음은 법력이며 깨달음의 가시권이다.

신수와 혜능

중국 선종이 7세기에 이르러 남종과 북종으로 갈라진 것은 중국 선 역사상 가장 위급한 상황이었다. 그러나 매우 복잡다난한 이 사건은 선을 진실로 이해하는 데 중요한 일면을 가지고 있다.

5대조 홍인은 그의 법통을 후계자에게 전수할 때가 되자 문하생들에게 선시 한 수씩을 지어오게 하였다. 물론 선시를 가장 잘 지은 사람이 법통을 전수받을 자격이 있는 것이다. 그의 깨침이 가장 뛰어난 것으로 인정되기 때문이다.

5대조 수제자는 신수였다. 제자들 중에 가장 나이가 많았으며 경험도 뛰어났기 때문에 그가 법통을 승계할 것이라는 점은 기정사실로 인정되고 있었다. 그는 이런 시를 지었다.

身是菩提樹　몸은 보리수요
心如明鏡臺　마음은 깨끗한 거울과 같구나.
時時勸拂拭　항상 부지런히 갈고 닦아서
勿使惹塵埃　한 올의 먼지도 묻지 않게 하려네.

번뇌망상이 비워진 깨끗한 마음에 정신적인 순수함이 가득 찰 때
비로소 진정한 깨달음이 올 수 있음은 당연할 것이다.
신수는 마음에 거울이라는 대상을 만들어, 육체와 오관에 의해
지배당하고 있던 영혼이 현실로부터 해방되어 평정을 얻게 하는
계획을 가르치고 있다.

깨달음을 추구하는 일반적인 묘사에 익숙해 있는 사람이면 누구
나 이러한 접근법을 인정할 것이다. 특히 서구식 교육을 받은 우
리에게는 선에 대해 받아들일 수 있는 완벽한 형태이다.
그러나 뒤집어보면 위의 시구는 우리에게 물질과 마음 사이의 분
리를 암시하고 있어 불교의 공 이론과는 거리가 있다.
선禪은 물질과 마음을 초월한, 주관과 객관이 사라진 공의 세계
이기 때문이다. 그래서 선禪의 대가들로부터 준엄한 꾸짖음과 함
께 거부당한다.

한편 홍인의 절에 있으면서도 아직 계를 받지 못하고 부엌에서
일만 하던, 글도 제대로 배우지 못한 한 도반이 신수의 시가 온전
히 깨달음을 얻지 못한 것이라고 주장이라도 하듯 훨씬 좋은 시
를 적어냈다.

이 훈육 받지 못한 시골뜨기 혜능의 시가 신수의 시보다 뛰어났
으며 그로 인해 혜능은 홍인의 뒤를 이어 6대조가 된다. 여기 그
의 시를 소개한다.

菩提木無樹　보리수나무 본래 없고
明鏡亦非臺　깨끗한 거울은 아무데도 없네.
本來無一物　본래 한 물건도 없는데
何處惹塵埃　어느 곳에 때가 끼고 먼지가 일까?

혜능의 '본래 한 물건도 없다'는 대목에서 우리는 굉장한 혼란을
느낀다. 오히려 신수스님의 주장이 쉽게 이해된다. '나'는 세상의
온갖 좋은 관념을 동원하여 '깨달음'을 얻기 위한 시도를 한다.

자아 중심적 의식, 경험적 자아의식, 즉 '나'가 있는 이후 깨달음
이 존재하는 것이다. 경험적이고 스스로를 의식하는 자아는 자신

의 생각을 대상이나 소유의 한 종류로 본다. 그런 다음 경험적 자아는 마음에서 잡념들을 제거해 마음의 거울을 순수하게 정화하려고 결심한다.

마음의 거울에서 모든 잡념들이 제거되었을 때 자아는 해방된 것이다. 자아는 이제 잡념들로부터 해방되었다고 스스로 확신하고 단언한 것이다.

이것은 물질에 대한 욕구이든 우연히 떠오르는 망상이든 간에 모든 생각들이 거울에서 제거된다면, 그때 거울은 공의 한 종류인 불심이라는 순수한 영적 빛으로 가득 차게 될 것임을 확신한다는 의미이다. 그리고 이때 자아의식은 생물학적 본성 이전의 부모미생전父母未生前, 영적 본성 속으로 침잠해 들어간다.

그러나 이곳에서 주목할 점이 있다. 이러한 본성은 자신의 소유물로 간주되기 때문에 영적으로 정화된 자아는 더욱 더 완전하게 자신에게 매료되어 공空이나 관조觀照라는 허울을 쓰고 자기도취에 빠지는 것이다.

따라서 여기서 실제로 일어난 일은 착각일 수도 있다. 집착과 소유욕이 강한 자아의식이 스스로 해방되었음을 선언하지만 사실적으로 인정할 수 없다.

이것은 자신이 소유하고 있는 모든 생각을 배척하고 자신 역시 소유하고 있는 거울을 비워서 실제의 상황에 접목시킨 결과이지만 자기최면적일 따름이다.

더욱이 자신은 '공'과 '영적 가난함' 안에 있는 도취의 환상에 머무르게 되는 것이다.

그러나 실제로는 공 자체가 소유물, 또는 목적으로 생각되면 인위人爲가 되어 '무위無爲의 공'과는 차원이 달라진다.

왜냐하면 혜능이 지적했듯이 이 정교한 영적 작업은 순진하기는 하지만 초점 잃은 인공적인 작업임에 분명하다. 앞에서 언급한 '서구의 왓칭'과 '불교의 관법'과의 차이다.

경험적 자아의 특성은 의지라든가 지성과 같은 개별적인 실재를 적절히 이용함으로써 스스로 물질계와 이기적인 자아의 상태를 초월했다는 환상을 줄 수 있기 때문이다.

사실 그것은 깨달음과는 아무런 연관도 주지 못할 뿐만 아니라 기만적인 것이며 해롭기까지 한 것이다.

왜냐하면 자기 최면식 의념의 기수련이 영적인 에너지를 만들듯이, '나'라는 의식의 정신세계는 염력念力을 만들 수 있어 환상幻想의 에너지를 부르기 때문이다.

사실 경험적 자아는 바지 호주머니 안에 무엇이든 담을 수 있듯이 초자연적 세계인 무의식을 소유하거나 지혜(프라즈나)를 가질 수 있는 것은 아니다.

하지만 수행자들의 의식은 훈련(수행)을 통하여 초월적 무의식을 흠모하고 동경하면서 깨달음의 작업을 수행하고 있으며 또 그렇게 해야 하는 것이다.

십자가의 성요한

여기서 우리는 십자가의 성聖 요한st. john of Cross의 가르침을 상기하게 된다. "수도자들의 의식은 운명적으로 자신의 바탕이 되는 그 존재의 빛을 자신 속에서 나타낸다. 그것은 신의 빛과 하나가 된다고 말할 수 있다."

그리고 보면 혜능의 무의식(무념)의 개념과 성요한이 말한 이 세계로 들어오는 모든 사람들을 깨우치는 빛, 프라즈나(지혜)는 매우 일치하는 것 같다.

그는 더 높은 영적 경험을 하기 위해 육체와 감각과 눈에 보이는 모든 것들을 부정하려 한다면 그것은 영적인 길을 잘못 생각한 것이라고 말한다. 육체의 집을 편안히 쉬게 하는 감각의 어두운 밤은 기껏해야 신중한 시작일 뿐이다. 진정으로 어두운 밤은 영적인 밤이다.

이 영적인 밤에 더 높은 형태의 모든 통찰과 지성의 주체가 스스로 어두워지고 빈 채로 있게 된다. 어떤 인상이나 느낌도 섞이지 않은 거울로서가 아니라, 지식도 없고 초자연적인 것을 알 수도 없는 공허로서일 뿐이다.

십자가의 성요한이 더 높고 더 많은 신비한 지식을 얻기 위해 육체와 감각들을 부정하도록 가르쳤다는 생각은 잘못된 것이다. 그와는 달리 그는 신의 빛이 그것을 받아들일 주체가 없는 공허 안에서 빛난다고 가르친다.

실제로 이 텅 빈 공허에 이르는 명확한 길은 없다. 길에 '들어서는 것'이 곧 길을 '잃어버리는 것'이다. 왜냐하면 길 자체가 공허이기 때문이다.

6조혜능

혜능의 법문을 서구식으로 표현하면 다음과 같다.

"지혜의 빛이 의식의 근저를 통과할 때 그것은 내부와 외부 모두를 비춘다. 그리하여 모든 것은 투명하게 자라며 스스로는 자신의 내면 깊숙이 자리 잡은 마음을 인식한다. 마음을 인식하는 것은 곧 해방을 뜻한다. …… 이것은 무의식의 구현이다. 무의식이란 무엇인가? 그것은 사물을 있는 그대로 보는 것이며 어떤 것에도 집착하지 않는 것이다. …… 무의식적이라는 것은 상대적(경험적) 마음의 작용이 없는 것을 말한다. …… 어떤 것에도 생각의 머무름이 없을 때 이것이 제한 없는 경지이다. 어느 곳에도 머무름이 없는 이것이 바로 우리 생명의 뿌리인 것이다."

'삼라만상이 공이며, 태어나지 않았고 다만 인과법칙 너머에 있는 것일 뿐'이라는 불전의 구절들은 범신론적이거나 형이상학적 추론의 결과라고 생각할 수도 있을 것이다.

그러나 그렇지 않다. 선의 통찰력은 심리학적 용어로 묘사될 수 없다. 그리고 선의 통찰력을 어떤 정신적 정화작용으로 얻을 수 있는 주관적 경험일 것이라고 생각하는 것은 어리석음과 오류의 늪에 빠지는 것이다.

이런 오류는 '거울을 닦는 선'으로 묘사될 수도 있다. 왜냐하면 그것은 마음을 깨끗이 유지해야 하는 거울과 같은 것으로 상상하기 때문이다.

거울을 소재로 한 시에서 혜능은 명상을 거울을 닦는 개념과는 전혀 다른 것으로 표현했지만 그렇다고 그가 명상 자체를 반대한 것은 아니다. 그는 오히려 명상을 대하는 잘못된 태도를 배격한 것이었다.

최고의 경지란 어떠한 생각도 생길 수 없는, 그런 텅 빈 마음으로 조용히 앉아 있는 것이라는 추측을 하는 사람들이 많다. 그러나 우리가 순수라는 관념을 품고 그것에 집착한다면 그때는 순수를 잡된 것으로 바꿔버리는 오류를 낳게 된다.

순수란 어떠한 형태도 없으며, 우리가 순수라고 알려진 어떤 형태를 세워 그것을 달성했다고 주장할 때, 그것은 우리의 본성을 가로막고 순수에서 떠난 상태에 처하게 된다는 것을 발견하게 된다.

명상으로 순수 혹은 열반, 깨달음을 달성하려는 사람들은 그것을 객관적인 형태로 간주하지만, 비록 이 형태가 최고의 영적인 것이라 해도 외면상 우리가 그 형태에 마음이 끌린다면 우리의 마음은 방해를 받게 된다.

혜능의 진정한 선은 형태와 존재의 어떤 것에 집착하거나 말려들지 않고 그것들 가운데 거하는 것이다.

그것은 만물 가운데서 방해받을 수 없는 것이며, 그렇다고 순수에 결부시킬 수도 없는 것이다. 객관적인 세계를 인식하면서도 마음이 동요되지 않는 사람이 진정한 선의 삼매경에 있는 것이다. 이것은 신수와 정반대의 것으로 노자의『도덕경』'도가도道可道 비상도非常道 명가명名可名 비상명非常名'의 개념과 흡사하다.

신수는 평화와 깨달음은 외부의 대상보다는 내적인 순수를 선호한다고 보기 때문이다.

혜능은 명백한 대상(외적과 내적)을 전적으로 초월하고 있으며, 그의 깨달음은 이 대상이 환상이라는 사실을 확실하게 체험하는 것이다.

즉 객관적으로 추구될 수 있고 명상에 의해 성취될 수 있는 별개의 실체가 있다고 생각하거나, 나아가 거울의 빛과 같은 가려진 내적 순수를 들여다본다는 것은 존재하지 않는 어떤 것을 상상하는 것과 마찬가지다.

원래 어떤 물건도 존재하지 않았다. 무無만이 있으며, 이 무는 공, 무심, 비견의 비객관적인 존재임을 혜능은 말하고 있는 듯하다.

혜능 선의 특징은 너무도 쉽게 실체화되고 그 추구자를 따라다니며 현혹시켜 우상으로 변질된 객관(대상)이라는 허구의 영적 상태에 굴종하는 것에서 마음을 해방시켜 준다는 점이다.

혜능의 선은 종교적 차원이기보다는 존재론적 면이 다분히 있는 것 같다.

(토마스 머튼의 『신비주의와 선의 대가들』 중에서 일부 발췌)

달마대사의 격외도리

지금까지 '신수의 거울'보다 한 수 위의 논리인 '혜능의 공空'을 가톨릭 수도사의 입장에서 정리하면서 십자가의 성요한st. john of Cross의 고답적인 선 이론까지 살펴보았다.

하지만 완벽한 공 이론임에도 불구하고 기대와는 달리 6조 이후

천년을 내려오는 동안 그 누구도 "나는 대각(覺)했노라!"며 자신 있게 말하는 선승은 없다.

그 이유는 이론과 논리를 배격한 초조 달마대사의 "문자를 세우지 않는 형식 밖의 도리, 마음을 바로 봄으로써 본성을 만날 수 있는 그곳이 부처가 뇌는 길(不立文字 格外道理 直指人心 見性成佛)"임을 놓친 탓이다.
대사의 법문은 칠흑 같은 어둠 속의 망망대해를 어지럽게 헤매일 때 희망의 불씨를 심어주는 이정표이며 등불이다.

하지만 평생을 참선으로 정진해도 깨달음을 얻지 못하는 이유가 무엇일까? 그것은 일반적으로 수행의 기법들이 형식 밖의 도리, 무심을 강조하지만 너무 현학적이고 추상적인 탓에 대부분 환상 속(최면적)의 무심을 삼매로 착각하고 있었기 때문은 아닐까?……

그러나 불전은 문자를 세우지 않고 무심으로 들어가는 길을 정확하게 제시하고 있었다. 즉 '묘한 작용(妙用)과 묘한 촉감(妙觸)', 그리고 '관음觀音법문'으로 구체적이고 자세히 설명하고 있다.
하지만 지금까지의 선승들이 불전의 말씀을 상징적으로만 해석하는 데서 오류가 발생하게 된 것이다.

그러다보니 6조 이후 평생을 무심으로 매진해도 깨달음을 얻을 수 없는 탓에, 당이 멸하고 송대에 '분심忿心과 의증疑症'으로 무장한 간화선의 화두가 등장하고, 또 '긴긴밀밀'로 무장한 남방불교 위빠사나의 초강력 집중이 등장하여 무심과는 정반대의 길을 재촉하고 있다.

화두는 상기병을 조장하고 위빠사나는 초강력 집중으로 두뇌의 과부하를 재촉하면서 문제를 일으키고 있다. 도道에 기법이나 비법이 있으면 도가 아니다. 이들 모두가 영적 장애를 일으키며 수행자를 마구니의 수족으로 전락시키고 있다.

그럼 환상 속의 무심이 아닌 무심은 어떻게 행해야 하는가? 무슨 특별한 비법이 있는 것은 아닐까? 하지만 특별하면 의식의 작용이 일어나는 탓에 오히려 특별하지 않은 평범한 수식관 호흡이 이정표 역할을 한다.

수식관 호흡이란 숫자와 호흡을 마음의 눈으로 응시하는 것을 말한다. 일반적으로 선도仙道나 도교道敎의 단전호흡으로만 오해하는 이들이 많은데, 불전인 『안반수의경』에서도 깨달음을 얻을 수 있는 유일한 수행법으로 타의 추종을 불허한다.

수식관으로 고요히 숫자와 호흡을 따라가다 보면 정신통일과 삼매의 중간 지점에 '묘한 작용'과 '묘한 촉감'이 그 길을 안내한다. 묘용과 묘촉의 출현은 의식의 집중에서 한발 나아가 투명하고 밝은 평정상태가 되면서 몸의 이곳저곳에서 시원함과 답답함으로 줄이어 나타난다.
'의식이 있는 것도 아니요, 있지 않는 것도 아닌' 무심의 관법 그 시작점이 된다. 바로 무위無爲다.

유위법과 무위법

한편 서구식 왓칭은 마음의 응시에 있어 의식적으로 시각화된 이미지의 내적 대상 및 관념을 주제로 한다. 예를 들면 화를 내는 나 자신의 모습을 보는 것에서 출발하여 분노의 근원지를 찾아 바라보는 것이다.
화를 내는 자신의 모습을 보는 것을 관觀이라고 말할 수도 있겠지만, 그것은 형상화된 이미지일 따름이다. 이는 오직 의식이 작용하고 의식이 바라보는 것으로 일상의 관법, 유위법이 된다.

하지만 이들과 달리 묘용妙用과 묘촉妙觸을 감지하는 마음의 눈은 그 차원이 다르다. 그렇다고 유위법이 틀렸다거나 나쁘다는 것은 아니다. 다만 일상과 수행을 혼돈하지 말 것을 지적함이다. 일상은 언제나 의식이 주관하고 두뇌가 판단한다. 육신을 지탱하기 위해서는 의식을 총동원하여 눈을 크게 뜨고 육근의 능력을 최대한 발휘하면서 선과 악을 구분해야 함은 당연한 일이다.

이와는 반대로 수행 속의 집중은 우선 눈을 감아야 하고 침묵의 정진만이 그 결과를 내포한다. 관법은 집중의 엑기스다. 하지만 집중은 집중이어야지 상상의 그림을 그리는 이미지훈련은 금물이다.
또 기법이나 비법을 동원하는 생각의 집중은 더 더욱 아니다. 따라서 불교의 진언이나 기독교의 기도문은 '암묵적 암시'로 나타나 부처께, 하느님께 의지하는 결과를 낳는다.

불교의 관법觀法은 자아의 의식으로 대상을 보는 것이 아니라 '의식이 있는 것도 아니요, 있지 않는 것도 아닌' 무념의 상태에서 바라보는 것이다.

집중이 의식의 형태라면 관觀은 무의식의 집중이 된다. 무의식이란 '함이 없는 함', 즉 무위無爲를 말한다.

선정에서 자연스럽게 일어나는 묘한 작용과 묘한 촉감은 두뇌의 고급경혈, 즉 백회, 인당과 뇌호혈, 태양혈의 개혈을 저절로 인식한다. 이 순간 두뇌의 고급경혈의 가동과 알아차림의 상황과 동시에 의식이 뒤따라간다는 표현을 관법이라고 규정하는 것이 맞을지 모른다.

유위법은 에너지를 만들고 무위법은 맑음을 창조한다. 영통靈通이나 신통神通이 아닌 청정이어야 하는 까닭은 기氣가 성령聖靈이 아닌 것과 같다.
묘용과 묘촉은 아무런 기교와 비법이 없는 무심일 때, '구하거나 의지하지 않고 상을 짓지 않는' 탈脫쵀면 상태에서만이 살며시 자태를 드러낸다.

한의대생

기공치료에 관심을 가진 한의대 여학생이 본회를 방문했다. 본과

3학년으로 초자연계에 특별한 관심을 보이고 있었다. 간단하게 인사를 마치고 대담에 들어갔다.

"선생님의 저서에서는 기수련부터 불교의 깨달음까지 한 통속으로 연결되어 있어 초자연계의 의문들이 많이 해소되었습니다. 특히 기공치료 및 전생여행, 퇴마의 얘기들이 수록된 부분에서는 흥미로움과 신비함까지 느끼게 되었습니다. 궁금한 질문들을 조금 메모해 왔는데 시간이 괜찮겠는지요?"

"글쎄요, 본회는 타 수행단체나 종교단체들과 부딪치는 부분들이 있어 되도록이면 대담을 피하고 싶네요. 그리고 선禪은 실천해야 하는 것이며 그 이후에 체험으로 나타나는 것이므로 문답으로만 설명하기는 어렵고 또 이해하기가 쉽지 않습니다. 몸소 체험해보지 않으면 결과 역시 기대하기는 힘들죠."

"저 역시 실제 체험을 하고픈 마음에서 방문한 것입니다. 최면이나 의념을 걸지 않으면서 빠른 시간에 기氣수련의 성과를 올릴 수 있다는 것은 '황제들의 수행요결'에다 선생님의 탁월한 법력 덕분이 아니겠습니까?"

대화가 자연스럽게 이어져갔다.

"황제들의 수행요결, 일명 '황제수행법'은 첫째 육체의 강건함과 빠른 시간 내의 피로회복이 목적입니다. 궁궐 안에서 과한 정무와 만찬이 매일 연속적으로 이루어지는 탓에 리더의 건강에 대한 특별한 관심은 당연한 것이지요.

그뿐만 아니지요. 전투력 향상과 명석한 판단력은 황제들의 의무 사항이죠. 그리고 후대를 위한 생산능력, 방중술은 황제들의 기본 교본이죠. 이러한 모든 조건을 완성하기 위해서는 탁월한 정화능력이 있어야겠지요. 그러한 능력은 백회의 개혈로만 가능한 일입니다."

"백회의 기능에 대해서 다시 한번 설명을 부탁드릴게요."

"두정 중앙점인 백회혈은 침구의 경혈자리임과 동시에 초자연적인 능력의 창구 역할을 합니다. 기수련의 중간 단계로 대주천의 시작점이 되죠. 중국 기공에서 의념이나 최면으로 개혈을 한다고 주장하지만 그것은 아무런 의미가 없죠.

백회의 개혈은 만병을 다스리는 만병통치의 법력을 나타내죠. 현대의학에서 포기한 암, 순환기장애, 그리고 심인성질환, 즉 병명도 없으면서 고통스러운 무기력증들도 완치가 가능하지요."

"시중에 회자되는 기공치료와는 다른가요?"

"일반적으로 상대에게 기氣를 보내서 병을 치료한다고 생각하지만 그것은 아무런 효과가 없죠. 물론 일시적인 감응은 있을 수 있겠지만 그들은 접신된 무속인과 진배없죠. 그리고 실제로 중국기공으로 병을 고쳤다는 환자는 아무도 없는 것이 현실이죠. 기공치료의 핵심은 환자의 백회혈을 개혈하는 것으로, 그래야만 완치가 가능하지요."

"선생님, 환자들의 백회혈을 열 수 있는 비결은 무엇인가요? 그리고 그 기간은 얼마나 필요한지요?"
"글쎄요. 굳이 비결이라면 본인의 백회가 열려야겠지요. 졸저에 설명이 있습니다. 하지만 백회의 개혈은 평생을 두고 연마해도 불가능할 수 있습니다. 왜냐하면 의념이나 자기최면으로는 개혈할 수 없기 때문이죠. 오직 길이 있다면 '구하지 말며 의지하지 말며 상相을 짓지 않는' 선禪의 실천에서만이 얻을 수 있습니다."

학생이 눈망울을 반짝이며 다시 물어왔다.
"선생님, 백회의 개혈과 그 시기에 대하여 구체적으로 한 번 더 말씀해 주시기 바랍니다."
"글쎄요, 본회의 입문자들은 대략 3개월 전후로 백회의 개혈을 감지할 수 있습니다만 그 부분은 졸저의 핵심으로 각 권마다 설명한 부분들이 있으니 참조하세요. 부연하면 평생을 투자해도 개혈할 수 없는 백회를 단시간에 개혈할 수 있는 것은 '잘못 채워진 첫 단추'와 '전등傳燈의 법문'이 설명을 대신할 수 있습니다. 그래서 본인의 힘으로 상대방을 개혈할 수 있을 때까지 지속적인 정진이 필요합니다. 그 단계를 설명하면 첫 번째는 구경의 경지요, 두 번째는 정착의 경지요, 세 번째는 완성의 경지입니다. 대략 2-3년의 정진 후에는 가족은 물론 후학들, 또 의료에 종사하는 분들은 환자들에게도 가능하게 되죠."

대담을 나누는 도중, 강하고 짙은 어둠의 에너지 파장이 여학생의 경혈들을 모두 막고 있었다. 한창 예쁠 나이임에도 외모는 창백하고 기운이 없어 보인다.
"혹시 기운을 느끼세요?" 하며 지나가는 말투로 물어본다.
"아닙니다. 그런데 선생님과 마주 대하니 너무 편안합니다." 환한 미소로 답하며 또다시 기수련에 대한 질문을 쏟아낸다.

"그럼 단전호흡과 기수련은 필요악인가요?"
"단전호흡이 나쁜 것이 아니라 기수련의 기법이 틀렸다는 것이지요. 단전호흡은 복식호흡에다 집중을 더한 거죠. 고로 건강을 지키고 마음의 평화를 가져오는 호흡법임에는 틀림없죠. 본회에서도 단전호흡을 시작으로 맑음을 창출하지요. 하지만 기교나 비법을 배제하는 것이 수행의 핵심입니다. 기법이 첨가되지 않는 단전호흡일 때 비로소 최면의 소지가 사라지는 것이지요."

"왜 타 수행법은 기법을 만들어 최면적으로 가는 걸까요?"
"눈을 감고 집중한다는 것이 어렵기 때문이죠. 생각의 파편들이 집중을 방해하다 보니 생각을 잠재우는 기법들이 등장하게 되죠. '상을 만들어 의지하고 구하면' 대체효과가 빠르게 나타나 생각을 다른 곳으로 옮겨 잡념을 사라지게 만들지요. 그것이 비법이 되어 전통으로 내려오는 것이겠지요.

기수련을 반대하는 까닭은 기氣라는 상을 만들어 의념疑念으로 하는 집중이 자기최면에 속한다는 거죠. 결국 기수련은 최면의 늪에 빠져 엉뚱한 길로, 접신이 될 수 있다는 거지요.

초자연계는 초능력만 있는 것이 아니라 악마가 수많은 함정을 만들어 유혹하는 곳입니다. 자칫 길을 잘못 들면 마귀의 손아귀에서 영원히 헤어나지 못하고 육체적, 정신적 장애를 가지게 되죠. 본인도 오랜 시간 기수련을 한 경험 덕분에 기의 세계를 정확하게 말할 수가 있지요."

"선생님, 마지막으로 최면에 관해서 한 질문 드리겠습니다. 최면에 대해서 유별나게 부정적 시각을 가지고 계신 것 같아 섣불리 말씀 올리지 못했습니다만. 그럼 최면술은 악마술 인가요? 지난 한 해 동안 저 역시 최면술의 전 과정과 고급과정을 이수하였지만 그렇게 악마의 기술 같아 보이지 않던데요? 최면을 통한 전생여행은 TV 인기 프로그램이었지 않습니까?"

첫 대면 시 여대생의 주위에 검은 무속의 에너지가 기세를 떨치며 자리잡고 있었던 이유를 알 것 같다. 그러나 아직 대놓고 말하기는 시기상조다.

"네, 기수련의 기법을 설명하다 보니 최면적 요소를 다소 부정적으로 과하게 표현한 것 같군요. 단지 수행자의 입장에서 정사正邪를 구분하기 위한 방편으로 설명한 것이니 이해해주길 바래요. 그러나 한의학의 경혈이론에서 보면 질병의 원인은 경혈의 막힘에서 시작되지 않습니까? 질병보다 더 강한 역에너지를 생산하는 곳이 바로 무속에너지입니다. 경혈을 막는 역에너지가 무속적이라면 경혈을 막는 최면술 역시도 마찬가지죠.

왜냐하면 최면술을 구사하려면 최면의 영靈에 접신되지 않고서는 상대를 최면으로 유도할 수가 없죠. 최면술을 배운다고 누구나 최면술사가 되지 못하는 이유가 그 때문입니다.

최면催眠이란 사전적으로는 인위적으로 잠을 유도하는 기술을 말합니다. 고대로부터 주술사나 심령사들의 전유물로, 의술이 발달하지 못했던 고대사회에서 질병치료에 이용했을 따름이죠. 최면을 연마한다는 것은 주술적 기술을 습득하는 것으로 내림굿이나 다름이 없지요. 또 이러한 치료행위는 과학적이기보다는 정신을 흐리게 만드는 주술적 요소가 더 강하지요."

삼매와 트랜스

수행자는 동물적 욕망을 자제하고 가난과 근검절약의 계戒를 지키며, 언제나 청정한 마음과 맑은 정신으로 정진하는 것이 기본이다. 삼학(계정혜)은 지계(戒)에서 선정(定)이 만들어지고, 선정에서 지혜(慧)를 얻을 수 있음을 전한다.

그럼 지혜는 우연히 오는 걸까? 이것은 삼매가 증명한다. 삼매란 어떤 대상과 하나가 되는 현상이다. 삼매에 들면 시간과 공간을 다 잊어버린다. 독서삼매에 들면 책에 빠져 시간 가는 줄 모르고 심지어 내가 어디에 있다는 공간적 위치도 잊어버린다. 책을 보는 나와 책이 하나가 되어 내가 없어진 형태다.

나는 주관이고 책은 객관이다. 물건을 보면 마음이 일어난다는 견물생심이 이들을 잘 설명하고 있다. 물건을 보는 주관은 대상을 인식하는 주체며 쇼윈도의 화려한 물건인 객관은 인식의 대상이다. 하지만 삼매란 주관과 객관이 하나가 됨을 의미한다. 심경일여心境一如, 심일경성心一境性이다.

깊은 침묵의 선정禪定은 맑은 정신이 주 무기다. 선정은 '지혜로운 관찰과 지혜롭고 올바른 정진으로, 수행자가 최상의 해탈을 얻고 최상의 해탈을 실현할 수 있는 삼매'로 유도한다.
이러한 선의 삼매三昧는 최면과는 다르다. 다시 말해 시술자의 암시에 따라 전개되는 피시술자의 가수면상태, 정신을 흐리게 하여 수면을 유도하는 최면상태의 심리인 트랜스와는 전혀 다르다.

최면상태인 트랜스는 시술자의 암시에 따라 환상의 그림을 그려 그곳에 안주하거나 또는 공포의 대상을 두렵지 않다고 생각하는 주입식 내레이션으로 공포불감증에 불과하다.
최면상태의 심리를 심령과학 용어로 트랜스라고 한다. 이것은 진통제로써 잠깐 동안 통증을 잊게 하는 응급처치에 불과한 심리치료용 기법이다.

선의 삼매를 올바르게 이해하지 못하는 서구철학자들은 트랜스와 삼매를 동일한 것으로 착각하고 있다. 따라서 서구명상법을 배우고 연구하는 수행자들 역시 서구의 명상기법인 이미지 상상 암시요법, 자기최면요법의 트랜스를 선의 삼매로 오인하는 우를 범하고 있는 것 또한 사실이다.

삼매는 맑은 정신의 극치다. 희로애락의 감정을 초월했다고 해서 정수正受라고 번역한다. 기쁜 마음도 아니고 슬픈 마음도 아니며 고통스러운 것도 아닌 마음으로 흔들리지 않는 상태다.
또 마음이 산란하지 않고 요지부동하고 고요하다고 해서 정정正定이라고 번역한다. 또는 삼매에 들어야 진리를 꿰뚫어서 바르게 본다고 해서 정견正見이라고도 한다.

쉽게 말하면 맑은 정신을 가지고 집중하는 정신통일이 바로 삼매다. 그러나 최면 상태의 트랜스는 '암시를 통한 세뇌'의 결과물일 따름이다.
수행의 오류가 생기는 가장 큰 원인이 최면술과 같은 기법의 동원이다. 특히 기수련은 의념수련이란 말로 자기최면을 대신한다.

기공수련

일반인들은 기공氣功수련을 건강을 지키기 위해 하는 맨손체조 정도로 생각한다. 하지만 기공전문가들의 입장은 다르다.

이들은 남들이 가지지 못하는 뛰어난 무술실력이나 퇴마력, 자연적 법칙을 초월한 초능력을 얻고자 한다. 바꾸어 말하면 기공은 영적인 능력을 구사하기 위한 기법 중의 하나인 것이다.

영통靈通을 목적으로 하는 무속인과는 다르겠지만 초능력을 배양하는 것은 결국 영계와의 접촉을 의미한다. 기수련가들이 무속인처럼 빙의령을 매번 언급하는 이유는 기의 에너지는 영적인 에너지이기 때문이다.

영靈이란 눈에 보이지 않는 에너지의 다른 이름이다. '정신일도'로 집중하면 에너지가 생기지만 이것에 집착하면 빙의가 된다. 그들의 행위가 접신을 부르는 건 아니겠지만 정신집중을 통하여 영적인 에너지, 기를 모을 수 있는 능력을 연마하기 때문이다.

초자연계는 마왕의 세계다. 영적이든 아니든 누구라도 눈을 감고 오랜 시간 집중하면 초자연계로 진입하게 된다. 초자연계가 초능력자들이나 무속인들만의 전유 공간일 것이라는 추측은 잘못된 것이다.

교회의 기도나 선승들의 참선, 그들 역시도 길을 잘못 들면 저급 령의 지배를 벗어나지 못한다. 주화입마, 상기병 등이 대표적인 사례다.

불교에서 무심과 무위를 강조하는 이유가 바로 여기에 있다. 『법 구경』에는 '악마의 눈을 피해, 악마의 눈을 멀게 하고, 악마의 눈에 보이지 않는' 마지막 경지가 깨달음으로 설정되어 있다.

덧붙여 응무소주이생기심(應無所住而生其心 응당 머무름 없이 내는 마음)이라, 즉 집중하되 집착하지 말라, 집착하면 그곳에는 언제나 마왕의 수하들이 기다리고 있음을 누누이 설명하고 있다.

따라서 조사들의 법어는 새로운 것이기보다는 집착의 새로운 해석일 따름이다. "분별심을 버려라!" "선도 놓고 악도 놓아라!" "부처를 만나면 부처를 베고, 조사를 만나면 조사를 베라!" "아상 인상 중생상 수자상, 상相을 놓아라!" 등등은 착着의 위험성을 새삼 거론하는 것들이다.

그러나 도교의 기수련법은 기법이 중시된다. 소주천, 대주천, 연

정화기, 연기화신 등으로 각 등급의 기법이 비법으로 전수되고 있다. 최후의 목적지, 성통공완性通功完이 최고의 통찰력으로 언급되지만 그들은 '기의 상'을 만들고 그 기법을 준수한다.

이들은 '구하지 말며 의지하지 말며 상을 짓지 않는' 불교의 무심無心과는 선혀 다르다. 더구나 불교의 지혜(반야)보다는 초능력을 목표로, 자칫 신통에 빠져서 마치 그곳을 절대계로 진입하기 위한 발판쯤으로 오인하고 있는 듯하다.

국내에서 활동하는 기수련 단체들 대부분 정신통일만을 목표로 하여 잡념을 지우는 의념수련이나 자기최면을 유도하는데, 이것은 큰 잘못이다.
의념수련이나 자기최면은 최면술의 일종이다. 최면술은 본래 '인위적으로 유발된 수면상태'로, 맑은 정신과는 정반대의 현상이다.

따라서 기법이나 비법을 중심으로 하는 집중은 강한 집착으로 변하여 어느덧 영靈과 동기반응을 일으켜 귀신을 부르는 결과를 가져와서 본인도 모르게 접신이 된다. 불교나 기독교에서 기수련을 마귀 보듯 하는 이유가 정신분열증으로 산사나 교회를 찾아오는 대부분의 사람이 기수련자들이기 때문이다.

또 세기의 스승이라고 칭송받는 인도의 요기들, 마하리쉬의 생각
의 근원을 찾아 떠나는 명상법, '나는 누구인가?'의 의문을 성찰
하는 명상법 등도 의식을 동원한 탓에 그 결과는 장담할 수 없다.

한편 도교의 수행법과는 달리 우리나라는 고유의 심신수련법인
'고신도古神道'가 전해오고 있다. '홍익인간 제세이화'의 건국이
념은 우리 배달민족의 자랑이다. 5천년의 유구한 우리상고사는
세계 3대종교의 근원이며 모태다.

"가고 가고 가는 중에 알아지며(去 去 去 中知) 행하고 행하고 행
하면 깨달음을 얻는다(行 行 行 理覺)"는 금언은 "응무소주 이생
기심"의 어머니격이다.

하지만 우리 고유의 심신수련법인 선도를 사칭하여 '현묘지도'
의 이름으로 접신을 유도하는 단체가 시중에 활동하고 있다. 특
정 주문을 외우면 선계와 천계를 구경할 수 있다는 발상은 가히
무당급이다.

그러나 이 점은 분명히 기억해야 한다. 80-90년대 기수련가로 명성을 떨치던 이들 대부분이 접신의 그늘에서 허덕이다 유명을 달리했다. 그렇다고 모두 끝난 것은 아니다. 빙의령은 다음 세대로 이월되어 자손에게 영적인 장애를 그대로 선사하게 될 것이기 때문이다.

그뿐만이 아니다. 본회의 방문자들 중에는 지독한 영적 장애에 시달리는 이들이 간혹 있다. 피폐한 행색에다 지독한 영적 장애로 대면하기가 꺼려질 정도다. 그러나 그들 모두가 지난 생에서는 종교계와 정신계의 지도자들이었음을 전생 장면에서 발견할 때면 초자연계의 공포를 재삼 느끼지 않을 수 없다.

5.

심리치료

수행이란 침묵의 정진으로 오직 정신통일뿐이다. 정신통일의 첫째 조건은 일상의 평온함이다. 너무 추워도 안 되고 너무 더워도 안 된다. 또 너무 배가 고파도 안 되고 반대로 너무 과식해도 안된다. 더구나 감기, 몸살이라도 걸리면 정신통일은 강 건너 가버린다.

마찬가지로 누구나 일상의 고민을 해결하지 못하면 구도자의 대열에 합류할 수 없다. 절망, 배신, 파산 등으로 마음의 상처를 가지고 있으면서 정신을 통일한다는 것은 어렵다. 그래서 출가를 통하여 세속과의 인연 끊기를 권한다.

한편 심리치료는 구도심을 일으키는 일차적인 방법이다. 하지만 침묵과 성찰을 토대로 세속의 인연을 끊기보다는 초월적 자기최면이다.
자연의 무조건적인 사랑을 흠모하며 따라 하기, 부정적 생각을 버리고 긍정적인 마음 가지기, 그리고 모두가 '내 탓'으로 돌리기 등등은 우리가 잊고 있던 인간애를 통하여 마음을 치료할 수 있다.

하지만 심리치료와 수행은 다르다. 다시 말해 자기 성찰과 수행은 가는 길이 전혀 다르다. 성찰은 의식의 동원이지만 수행은 의식의 쉼이다.
심적인 갈등을 해소하거나 자기를 다스리는 데는 어쩌면 심리치료가 우월할 수가 있다.
허나 수행은 질병을 치료한다는 목적이 없다. 또 마음을 다스린다는 목표도 없다. 굳이 목적이 있다며 '내가 중심이 되는 자아'를 쉬게 하는 것이다.

그렇다고 심리치료가 틀렸거나 나쁘다는 것은 결코 아니다. 다만 심리치료는 일반인과 환자들을 위한 것이지 고급 수행자의 몫이 아니라는 것이다.

일반적 견해로 자기를 다스리는 것과 자아를 없애는 것은 비슷한 것 같지만 그 결과는 전혀 다르다.

자기를 다스리는 방법은 자기최면의 일종이며 자아를 없애는 것은 오직 '구하지 않고 상을 짓지 않고 의지하지 않는' 선禪의 실천뿐이다.

심리치료와 정신수양

심리치료는 자신의 심적인 감정을 변화시키는 이미지 변화를 목표로 한다. 분노는 인내함으로서 잠재울 수 있다. 참을 인忍자 세 개면 살인도 극복한다는 옛말처럼 '참아야 한다! 참아야 한다!' 며 인내심을 배양하고 또 그것을 항시 상기해야 한다.

그리고 욕심은 '욕망의 유혹에서 빠지지 않으려는 내적 갈등'에서 집착을 놓으면서 해결하고, 어리석음은 '정신을 차리는 의식적 행위'에서 선과 악의 분별심을 강조함으로서 해결된다. 이처럼 이것들은 본인 의식이 중심이 된 심리요법이다.

덩달아 명상을 전문으로 지도하는 이들 중 대부분은 자기최면적 암시를 대동한다. 그것이 지기최면적 심리치료인 줄은 까맣게 모르고 명상의 주제이며 정신수양의 대미로 여긴다. 이윽고 피시술자에게 자기최면의 심리명상을 지도한다.

심리치료명상의 첫 번째 임무는 생각의 정리다. 따라서 산만한 생각의 기본 특성을 검토하면서 본인에게 고통을 주었던 사람이나 욕망의 대상을 생각하면서 일부러 매우 강력한 감정을 불러일으킬 생각을 요구한다.

그러면서 자기 분석에 빠진다. 생각에서 돌출된 감정은 붙잡을 수 없이 흉포하지만 흉기를 겨눈 살인마처럼 남을 해치는 본질적 능력을 소유하고 있지 않다.

그렇다면 일어나기 전의 감정은 도대체 어디에 있었을까? 그 생각이 우리 정신에 나타날 때에 또 어떤 특징이 나타날까? 생각의 정확한 위치와 형태와 색깔은 무엇이며, 또 그 생각은 의식의 장에서 빠져나간 후 어디로 가는 것일까? 이런 의문들을 분석해 나가는 가운데 어느새 그렇게 엄청나 보이던 감정의 파장은 소용돌이를 멈춘다.

그리고 이러한 감정을 우리 의식의 장場에 다시 나타나게 한 뒤에 용서하고, 참회하는 순서로 자기 이미지화 하면서 그 감정에 우리의 내면적 시선을 고정시킨다. 덩달아 심리치료요법은 자연이 베풀어준 은혜에 무한한 감사를 시작한다.

'범사에 고마워하라.' 작은 것에도 감사하는 마음은 지금까지 잊고 있었던 자연의 고마움에 너무나 행복해진다. 앞만 보고 달려온 내 자신이 부끄럽기조차 하다.
이기심에서 탈출하여 이타심을 배양한다. 역지사지를 넘어 무조건적 사랑을 주입시킨다. 그 다음은 '내 탓이요, 내 탓이요, 내 큰 탓이로다.' 모두 나의 잘못이지 남 탓이 아님을 새삼 자인한다. 이후 모든 일에 긍정적 사유로 생각의 근원을 정화시킨다.

심리치료의 분석과 비평은 불안함을 평화스러움으로, 부정적 견해를 긍정적으로 변화시켜 선善한 결과를 낳는다. 하지만 그 결과는 일회용으로 세속의 흐름에 찌들면 어느 날 감쪽같이 사라져 버린다.

심리치료

심리치료에 종사하는 세계적 전문가들은 명상을 통하여 육체적인 질환과 정신적인 장애를 치료한 사례를 심층 깊게 보고하고 있다. 현대를 살아가는 이들 대부분이 겪게 되는 정신적 스트레스는 종합병원의 정신과보다는 어쩌면 전문적인 심리치료사의 상담이 더 효과적일 수도 있다.

'풀벌레 소리 그윽한 여름밤입니다. 강렬한 캠파이어 불꽃이 젊은 날의 아름다운 추억을 불러일으킵니다. 머릿속에 가지고 있던 근심 걱정을 지금 이곳에서는 모두 잊어버리세요. 지금 이 순간만이라도 우리 일생에서 제일 행복했던 일들을 떠올려 보겠습니다.
어린 시절 시골 고향에서 형제들과 맛있는 음식을 먹으면서 도란도란 얘기하던 옛 추억들을 모두가 가지고 계시겠죠? 아니면 젊은 날 청운의 푸른 꿈을 그리며 도전하던 기억이 새롭지 않습니까? 하지만 그중 첫사랑의 추억은 누구에게나 애틋하게 드러날 것입니다.
여기 오순도순 둘러앉아 지나간 첫사랑의 얘기를 시작해 보겠습니다. 그때가 언제입니까? 그 분과 처음 만났던 장소는 기억나세요? 매번 만날 때마다 마음 설레지 않았습니까? '무슨 의상을 입을까?'로 거울 앞에서 멋을 부렸지요? 자! 돌아가면서 본인들의 첫사랑을 얘기하면서 행복감에 빠집니다. 나쁜 기억은 하지 마세요! 그중 가장 행복했던 기억을 떠올려 회상에 젖습니다. 가만히 두 손을 가슴에 올리세요. 가장 달콤하고 황홀했던 장면을 떠올리며 명상에 들어갑니다.'

심리치료사는 자기최면의 특별한 이벤트를 명상이라는 이름을 걸고 최면을 유도한다. 참석자들로 하여금 지나간 즐거운 추억을 떠올려 감쪽같이 잊고 있었던 첫사랑을 새삼 상기시킨다.
그러면 잠시 후에 참석자들은 뜻하지 않은 새로운 희열이 엄습하면서 평화와 안식의 기도마냥 신비의 세계를 경험한다. 이것은 마음 깊은 곳에 새겨진 행복한 과거의 모습들이 오늘의 절망과 포기의 그늘에서 탈출하는 계기를 제공한다.

심리치료요법은 현대의학이 풀어내지 못한 불치병과 만성질환을 아주 짧은 시간에 호전시켜 참석자들이나 동행한 이들에게 놀라움을 선사하기도 한다. 수년 동안 관절염으로 걷지 못하던 환자를 펄펄 뛰게 만들고 20년 동안 고질이었던 가슴앓이를 일순간에 감쪽같이 해소하기도 한다.

그러나 이러한 호전현상들은 모두가 일시적이다. 시간이 지나면 기적이 사라지면서 환부는 다시 제자리로 돌아와 옛날의 증상이 되풀이된다. 그럼 다시 명상요법으로 전환해 보지만 두 번 다시 그러한 기적이 되풀이되진 않는다.

심리치료의 기법

심리치료의 기본 골격은 근심 걱정하는 마음을 지우는 것이다. 지나간 생각을 간직하거나 미래의 생각을 부르지 말고 잠시 동안 이라도 산만한 생각에서 해방된 각성상태에 머물러야 한다. 불전의 '과거심불가득, 현재심불가득, 미래심불가득'의 재해석이다. 과거나 미래는 말할 것도 없이 지금 현재의 마음도 얻을 수 없다는 게 마음법이다. '지금'이라고 생각한 순간도 금방 찰나적으로 흘러가 버리면 어디서 마음을 찾을 수 있을까?

생각이 마음을 만들지만 그 어디에도 마음을 붙잡아 놓을 수 없다. 그러면 생각은 점차 이러한 각성을 연장하고 보존할 수 있는 기법을 요구한다. 이때 등장하는 것이 행복한 과거다.

환자들의 증상에 따라 행복한 과거도 효과가 있지만 그보다는 미래의 죽음을 연상하는 암시가 더 효과적이다. 우리에게 지금 당장 죽음이 닥친다면 용서하지 못할 것 없고 용서 빌지 못할 것 없다.

물결이 호수를 흔드는 동안 물은 맑지 않는다. 고요히 가라앉았을 때 비로소 흙탕이 정화되고 물은 그 투명성을 되찾게 된다. 이와 마찬가지로 산만한 생각이 간결해질 때 정신은 더욱 투명해지고 그때야말로 정신의 본성을 쉽게 발견할 수 있게 된다.

다음으로는 산만한 생각의 기본 특성을 검토해야 한다. 이를 위해서는 우리에게 고통을 주었던 사람이나 욕망의 대상을 생각하면서 일부러 강력한 감정을 불러일으킬 필요가 있다.

이러한 감정을 우리 의식의 장에 나타나게 한 뒤, 분석적인 방식과 명상적인 방식을 번갈아 사용하면서 그 감정에 우리의 내면적 시선을 고정시키는 것이다.

까맣게 잊어버렸던 기억들이 새삼스레 충동질하며 감정을 북돋우면서 분노를 유발시킨다. 괘씸하다 못해 억울함에 눈물이 비오듯 쏟아진다. 처음에는 이러한 생각들이 끊임없이 되풀이되면서 마음을 지배하고 사로잡는다.

그러나 끊임없이 일어나는 생각을 잠시 멈추고 자세히 살펴보면 그 생각의 명백한 힘이 어디에서부터 나오는 건지 잘 알 수 있다. 그것은 우리 두뇌의 기억 속에 흐르는 감정인 것이다.

이때 생각의 메커니즘으로 거슬러 올라가는 여유를 '분별적 명상'이라고 부르자. 따라서 생각을 지우기보다 다른 연관된 생각을 떠올림으로서 앞서가는 의식의 흐름을 희석시킬 수 있다.

그 방법은 앞에 소개한 생각 메커니즘의 분석이다. 생각이 일어나기 전에는 어디에 있었을까? 그 생각이 우리 정신에 나타날 때에 어떤 특징이 나타날까? 그 생각은 의식의 장에서 빠져 나간 후 어디로 갈까?

이런 의문들을 분석해 나가는 가운데 어느새 그렇게 엄청나 보이던 생각의 감정이 우리에게서 빠져나가게 된다. 그것은 붙잡을 수도 없고 손으로 가리켜 보일 수도 없다.

그때 우리는 '찾아지지 않음'의 상태에 도달하는데, 그 상태에서 우리는 잠시 동안 명상적인 자세가 된다. 이것이 관념이 없는 내면적 단순성의 상태며, 뚜렷하게 각성된 현존의 상태라고 명상가들은 주장한다.

그러나 이것은 수행자가 요구하는 선의 체험이 아니라 심리치료의 요법일 따름이다.
다시 말해 선禪의 실천은 심리치료인 자기최면과는 전혀 다르다.
의식의 흐름을 중지하는 사유의 통제가 우선이다.
어떤 명상적 기법이나 비법도 거부한다. '구하거나 의지하거나 상을 짓는 행위'는 기복신앙의 모델일 뿐이다.

서구명상 〔타임지 중에서〕

신체를 이완시키고 마음을 가라앉히는 자기 수련법으로 명상이 손꼽힌다. 명상 수행은 한때 동양의 신비주의로 폄하되었지만 서양의 현대과학에 의해서도 인체에 미치는 긍정적 효과가 대단한 것으로 확인되고 있다.
1967년 하버드의대의 허버트 벤슨은 초월명상(TM) 수행자들의 신체에서 생리적 변화가 발생한다는 놀라운 사실을 밝혀냈다. 이를 계기로 명상이 인지, 정서, 건강, 행동에 미치는 영향을 과학적으로 검증하는 연구가 활발히 추진됐다.

여러 가지의 명상법 중에서도 과학자들의 관심을 끄는 것은 두 종류이다. 하나는 주의 집중명상(focused attention meditation)이다. 이는 좌선하는 자세로 눈을 감고 호흡에 집중하여 온갖 상념과 근심을 떨쳐버린다.

다른 하나는 지각명상(mindfulness meditation)이다. 주의 집중명상이 호흡에 집중하고 잡념을 무시하려는 데 비해 지각명상은 떠오르는 모든 생각이나 느낌을 배척하지 않고 주의를 기울인다.

2007년 미국 캘리포니아대 신경과학자 클리퍼드 새런은 하루에 5시간 이상 3개월 동안 주의 집중명상을 하는 60명을 대상으로 인지와 정서 기능에 나타나는 변화를 관찰했다.

2010년 심리과학(Psychological Science) 6월호에 발표된 첫 번째 연구 결과에서 명상이 인지능력에 상당한 영향을 미친다고 보고했다. 우선 집중력과 기억력을 향상시키고 일상생활에서 학습 또는 의사결정 속도를 끌어올리는 것으로 나타났다.

새런은 두 번째 연구 논문에서 명상이 정서 기능에도 긍정적 효과가 있는 것으로 확인됐다고 보고했다. 명상을 하면 매사에 걱정을 덜 하게 되고 감정을 잘 다스릴 수 있게 된다. 정서적으로 덜 민감해지기 때문에 스트레스를 잘 견뎌낼 수 있다는 것이다.

새런의 세 번째 연구 주제는 명상이 건강에 미치는 영향이다. 규칙적으로 명상을 하면 세포 노화를 억제하는 효소인 텔로머라제 telomerase의 활동이 상당히 증대하는 것을 밝혀냈다.

만성적인 통증을 완화하고, 이상 식욕 항진증(eating disorder)이나 건선(마른버짐) 치료에 보탬이 되며, 우울증에도 특효가 있는 것으로 확인됐다.

명상 수행은 대인관계 등 사회적 활동에도 긍정적 효과가 적지 않은 것으로 밝혀졌다. 기능성 자기공명(MRI) 장치로 뇌를 들여다본 결과 명상 수행을 오래 한 사람일수록 감정이입이나 동정심에 관련된 부위인 섬피질(insular cortex)과 전두대상피질(ACC)이 활성화 되는 것으로 나타났다. 요컨대 명상은 타인의 감정을 배려하면서 행동할 줄 아는 능력을 길러준다.

이런 맥락에서 2009년 뇌 안에서 감정이입과 동정심의 뿌리를 찾기 위해 미국 스탠퍼드대에 설립된 연구소에 주목할 필요가 있다.

영국의 주간지 '뉴 사이언티스트' 1월 8일자에 따르면 티베트 지도자인 달라이 라마도 설립기금을 낸 이 연구소의 목적은, 어떤 형태의 명상 수행이 이타적 사랑을 베푸는 능력을 향상시키는지 알아내서 명상기법으로 따뜻한 가슴을 가진 시민을 양성하는 데 있다.

명상 수행은 누구나 언제 어느 곳에서든지 할 수 있다. 명상이 몸과 마음을 건강하게 만들고 사회생활에도 도움이 된다면 당장 관심을 갖지 못할 이유가 없지 않은가.

🔵 서구명상과 선수행

현대인의 명상은 건강과 자기성찰을 주도한다. 따라서 실천적인 차원에서는 여러 가지 방법론이 등장한다. 위에서 언급한 집중명상과 지각명상 등 여러 가지의 명상법이 있지만 명상을 왜 해야 하는가?의 필연성이 먼저다.

그중 무엇보다도 '행복과 고통'의 핵심은 어떤 것인가?의 물음이 우선적이다. 또 그 고통은 어디로부터 오는가? 미혹과 무지란 무엇인가?

정신의 실현이란 무엇인가? 그리고 완성이란 무엇인가? 등등의 의문에 대한 논리의 순차적인 발견을 먼저 이해하는 수순이 필요하다.

명상은 정신수련을 통해 마치 얼음덩어리를 녹이듯이 사람과 사물에 대한 우리의 판단과 지각의 확고부동한 선입견조차도 녹일 수 있음을 강조한다. 궁극에는 사회적으로 세계에 대한 새로운 지각, 인간과 현상의 진정한 본성에 대한 재발견을 시도할 수 있다.

이를 통해 우리는 삶의 우여곡절로부터 입는 상처를 훨씬 줄일 수 있으며 이들을 철학적으로 이해하는 것을 넘어 기쁨을 갖고 받아들이게 된다. 나아가 삶의 곤란과 시련을 정신수련의 빠른 진보를 위한 촉매제로 이용할 수도 있다고 주장한다.

하지만 이러한 정신수양은 심리치료용 테크닉이지 진정한 선의 체험은 아니다. 불교의 선은 깨달음이 목표다. 그렇다면 선은 건강과 자기성찰과는 무관한 것인가?

선은 의식의 동원을 배제하며 '구하지 말며 의지하지 말며 상을 짓지 말아야' 함을 주장한다. 결국 무심하고 공해야만 선이라 할 수 있지 않는가?

그렇다. 일반적으로 선은 일상과는 무관하다고 주장한다. 그러나 전혀 그렇지도 않다. 선은 완성과 함께 청정한 깨달음을 득한다. 따라서 그들은 통찰력과 지혜로 설명되지만 그렇다고 관념적이거나 주관적일 수 없다.

이들은 현상계의 일에 참여하거나 관계하지 않을 따름으로 초월한다는 의미가 타당하다. 초월의 의미는 집착하지 않는다는 뜻일 뿐이지 현실과도 밀접한 관계를 가진다.
무위無爲란 '함이 없는 함'으로, 행하는 의식 없이 저절로 행해지는 것으로 무한한 가능성을 내포하고 있다.

맑음은 존재의 근원, 실체로써 엄연히 현존하는 것이다. 영육靈肉 간의 맑음과 건강은 물론, 후학들에게 전등이 가능하다. 심리치료용 자기최면은 일회성이며 유한하지만 맑음은 실존하는 법력으로 부증불감의 무한함을 강조한다. 아무리 더하여도 넘지 않으며 아무리 퍼내도 모자라지 않는 절대계의 법력이다.

깨달음은 맑음이 주가 되고, 맑음은 법력을 만들어내면서 건강은 물론 영혼의 청정을 만들어낸다. 그럼 법력이란 무엇인가? 법력은 우주 창조의 대자연의 힘과 하나로 연결되는 신의 영역이다. 따라서 기능이 저하된 오장육부를 건강하게 만들고 만성병, 심지어 불치병까지도 회복할 수 있는 능력을 가지고 있다. 또 현실세계의 어려움과 곤란을 송두리째 바꿀 수 있다.

다시 말해 선은 결코 추상적이거나 주관적일 수 없다. 선은 실천과 체험을 통하여 주관적, 객관적 연관성과 대립의 갈등에서 초월하여 순수에너지, 맑음을 증폭하면서 무위無爲로 진행된다.

그 맑음은 자아의식적이지도, 철학적이지도, 신학적이지도 않으면서 누구에게나 전등된다는 데 그 의미가 크다.

그럼 어떻게 선禪의 침묵 속으로 들어갈 수 있는가? 해답은 명료하다. 서구명상은 신神을 대하는 믿음을 개혁하는 것이 우선이다. 결국 명상이 의식을 동원하는 것이라면, 진정한 선禪은 의식이 참여하지 않는 자연스러운 상태에서 출현하는 묘한 작용(妙用)을 동반해야만 한다.

묘한 작용이란 무엇인가? 그것은 목적이 있는 의식과 정반대로 '구하지 말며 의지하지 말며 상을 짓지 않을 때' 나타나는 몸짓으로 요가의 챠크라, 한의학의 경혈이론과 연관성은 있지만 그들과는 다르다.

묘한 작용은 깨달음의 그 순간까지 끝없이 펼쳐진다. 두뇌의 고급 경혈과 하늘의 소리, 관음觀音이 주축이 되어 지난 생의 업장을 소멸하는 과정이 항하수 모래 수만큼 끊임없이 전개된다.

6.

선이란 무엇인가?

선禪은 실천이 중요하다. 행하지 않고서는 체험할 수가 없다. '구슬이 서 말이라도 꿰어야 보배이듯' 어떠한 미사여구를 꾸며도 실천하지 않으면 아무 소용이 없다.

선을 체험하기 위해서는 실천과 끈기를 요구한다. 비행기가 이륙을 하기 위해 전속력으로 활주로를 질주하듯 침묵의 정진과 끈기만이 체험을 허락한다.

'선의 체험'은 상식과 지식의 잣대로는 도저히 알 수 없는 곳이다. 그렇다면 선은 추상적이고 관념적인 것에 불과한가? 아니 그러하지 않다. 그렇다고 해서 선이 초현실적인 것만도 결코 아니다. 결국 두뇌의 작용과 의식의 흐름에 대한 고찰만이 우리의 이해를 높일 수 있다.

마음법

정신은 의식의 결정체다. 우리가 마음이라고 표현하는 것은 사실 정신의 본성自性을 의미한다. 선승들 대부분이 마음법에 목숨(?)을 거는 경우가 허다하다. '즉심시불'이라, '마음이 곧 부처다'며 마음을 깨치기를 종용한다.

'마음은 시작도 없고 끝도 없는 것으로 펼치면 광대무변이요, 줄이면 깨알보다 작아지는 것이며, 마음은 금방 이곳에서 지구를 한 바퀴 돌고 또 우주의 끝자락까지 금방 다녀올 수 있지 않느냐!'며 마음법의 위대함을 역설한다.

불전에는 비유를 통하여 중생들을 일깨우는 대목이 허다하다. 그러나 그 비유가 지나치면 궤변이 될 수 있음을 주목할 필요가 있다. 아름다운 비유나 유익한 가정은 이해를 높이는데 일조를 할

망정 객관성과 과학성의 결여는 진리를 오도하는 나쁜 사례가 될 수 있음을 잊지 말아야 한다.

현상계는 상대계인지라 내가 있으면 남이 있고, 즐거움이 있으면 괴로움도 있고, 생生이 있으면 멸滅이 언제나 함께한다.
하지만 절대계는 불생불멸이며 불구부정이며 부증불감이다. 결국 창조주 하느님의 공간이며 부처의 자리다. 마음은 육신에 내려있는 하느님의 화신인 성령이며 부처의 씨앗인 불성이다.

마음을 그냥 '정신의 본성'이나 '자성自性'이라 표현하면 이해가 빠를 텐데 굳이 마음이라고 표기하는 까닭을 알 수 없다. 혹시 마음을 순수영혼이라 말하는 자이나교의 기술방법을 굳이 피하려는 의도는 아니었을까?

불교의 대승사상은 일체무아一切無我다. 모든 것이 공空으로 귀착되는 공도리에 순수 영혼적인 자성의 등장은 씨도 먹히지 않는 사유임에는 틀림없다.
순수영혼이 실체로서 엄존한다는 생각 자체가 무아론無我論에 완전히 위배되는 것이다. 그래서 굳이 마음법으로 기술하지 않았나 추측할 뿐이다.

그러나 선의 체험은 무아론 속에서 등장하는 맑음을 지나칠 수가 없다. 맑음은 법력으로 초자연성을 새삼 가시화시키고 있다. 깨달음은 결코 관념적일 수 없다. '염화시중의 미소'가 전등傳燈이 되며 법력法力이 질병치료와 퇴마를 가능케 한다.

물론 그것이 목적이 될 수 없지만 맑음은 '함이 없는 함', 즉 무위無爲로 나타나 전해진다. 시간이 흘러 5대 홍인대사는 자성의 위대성으로 마음법의 가치를 높인다.

어찌 자성이 본래 청정함을 알았으리까
어찌 자성이 본래 나고 죽는 일이 없음을 알았으리까
어찌 자성이 구족함을 어찌 알았으리까
어찌 자성이 본래 흔들림이 없음을 알았으리까
어찌 자성이 능히 만법을 냄을 알았으리까

🌀 선은 사유의 통제다

선이란 사유思惟의 통제다. '나는 생각한다. 고로 나는 존재한다!'의 서양철학과는 정반대의 몸짓으로, 생각을 멈춤으로써 마음의 평정을 발견하는 방법이다.

하지만 불교에서도 이론을 중시하는 교教가 엄연히 존재한다. 따라서 교教와 선禪은 상대를 존중하며 서로의 버팀목으로 조화를 이룬다.

교教의 이론은 장대하나 그들만으론 결코 완성을 기대할 수 없다. 오직 선의 체험만이 완성을 약속한다. 다시 말해 교는 이론에 충실하다.

우리의 의식적인 감정이나 의식의 심층에 뿌리내린 잠재의식(아뢰야식)까지도 분석하고 그 정체를 확인한다.

그 중심에 생각이 있다. 생각이라는 것은 의식의 흐름에서 시작하여 언행으로 표출되며 마침내 정신을 지배한다.

일상의 언행은 육신의 6근(안이비설신의)이 6진(색성향미촉법)을 만나서 6식(안식, 이식, 비식, 설식, 신식, 의식)의 흐름을 고정시킨다. 그러면 정신은 혼란 속에서 출렁거리며 흔들리는 파도가 된다. 이러한 공식을 모르는 바 아니지만 매번 유입되는 정보와 활화산처럼 타오르는 감정의 틈새에서 언제나 번뇌망상으로 곤두박질을 친다.

한편, 선은 정리하고 분석하고 비평하는 것을 초월하여 우리의 생각을 해방시킬 수 있는 힘을 기르는 일이다. 흔히들 선을 정적무위靜寂無爲로 오인하여 허무주의나 염세주의, 무정부주의로 몰아세우는 까닭은 초월의 의미를 잘못 해석한 탓이다.

생각의 해방은 번뇌망상이 우리 정신에 흔적을 남겨 우리를 혼란하게 만들지 않도록 하기 위한 것이다.

생각을 통제하지 못하면 생각은 쉽게 연쇄반응을 일으킨다.

특히 불쾌한 생각은 혐오감에 이어 증오로 변형되고 결국에는 우리 정신에 침입하여 우리로 하여금 그 감정을 언행으로 표출하게 한다. 그렇게 되면 다른 사람에게 피해를 주면서 내면의 평화는 여지없이 파괴된다.

욕망, 거만함, 질투, 두려움이 이와 같다. 또 파괴욕, 소유욕, 지배욕의 욕망들을 마음껏 발산할 수 있다 하더라도 거기서 얻는 즐거움과 만족은 찰나적이다. 그것은 깊은 삶의 즐거움이 되지 못할 뿐더러 결코 영원히 지속되는 즐거움이 되지 못한다.

서양철학의 '변증법의 정반합' 이론이 철학의 교두보를 만들어 서양문명의 첫걸음이 되어 과학의 발전으로 이어졌음은 부인할 수 없다. 하지만 선은 물리적인 바깥 현상보다는 우리의 정신적 내면의 완성에 더 가치를 두고 있다.

선은 철학이 아니다

선의 전통은 선에 대하여 추상적이고 이론적인 답변을 하는 것을 용납하지 않는다. 사실상 철학적이고 독단적으로 선을 얘기한다면 그 질문은 어리석거나 만족할 만한 대답을 얻지 못할 것이다. 선은 단순히 논리적 분석에 자신을 맡기지 않는다.

선은 어떤 명상 형식을 의미한다. 그러나 선이 어떤 명상 방법이나 영성은 아니다. 선은 길이며 경험이며 하나의 삶이지만 그 길은 모순되게도 누구나 갈 수 있는 길은 아니다. 따라서 선은 종교도, 철학도, 사고의 체계도, 교리도, 고행도 아니다.

선의 통찰력은 교리적 공식이나 현상학적 묘사로서는 전달될 수가 없다. 선은 분명하게 제시되고 말로 할 수 있는, 명확히 정의될 수 있는 성격의 것이 아니다. 선의 진의는 확실히 깨달을 수 있지만 스스로 통찰력을 얻은 자에 한에서만 가능하다.

그렇기 때문에 선이 자신의 본성을 알고 즐겨 정신적 쾌락을 찾고 안주하고자 하는 개인적이고 주관적인 정화라고 추측하는 것은 잘못된 것이다. 특히 선은 정신적 자기만족의 미묘한 형식이나 깊은 내적 침묵 속에서의 휴식은 더더욱 아니다.

또한 그것은 결코 물질적인 외부세계로부터 정신적인 내부세계로의 단순한 도피가 아니다. 선이 가지고 있는 가장 우선적이고 근본적인 요소는 이러한 물질과 정신 사이의 이중적 분열에 대한 혐오이다.
따라서 그러한 분열을 전제로 하는 선에 대한 궁금증이나 비판은 아무런 의미도 없이 방향을 잃게 될 것이다.

선은 이론을 거부한다

학자들은 이론을 세워 진리를 탐구한다. 하지만 그들이 찾아낸 뛰어난 발상의 정교한 형이상학적인 이론일지라도 선은 이론을 거부한다. 사실 선에는 어떤 교리도 없다고 말할 수 있다. 선에는 어떤 성전聖典이나 교조적인 교의教義도 없다. 또한 선의 핵심에 이르는 상징적인 공식도 있지 않다.

그럼 선은 무엇을 가르치고 있는가? 결론을 말한다면, 선이 우리에게 가르치는 것은 아무 것도 없다! 선 안에 무슨 가르침이 있다면 그것은 어떤 것이든 우리 자신의 마음속에서 나온 것이다. 우리는 우리 자신을 가르치는 것이다. 선은 단순히 그 방법을 지적하고 있다. 이러한 지적이 가르침이 아니라면 선 안에는 기본적인 교의나 철학으로서 확립된 것은 아무것도 없을 것이다.

선은 침묵의 정진이다

'세상의 유희나 오락 또는 쾌락에 젖지 말고
관심도 갖지 말라.
무소의 뿔처럼 혼자서 가라.

의롭지 못한 것을 보고도 주저하며
그릇되고 굽은 것에 사로잡힌 나쁜 친구를 멀리하라.
탐욕에 빠져 게으른 사람을 가까이 하지 말고,
무소의 뿔처럼 혼자서 가라.

전에 경험했던 즐거움과 괴로움을 모두 던져버리고,
또 쾌락과 근심을 떨쳐버리고 맑은 고요와 안식을 얻어,

무소의 뿔처럼 혼자서 가라.

소리에 놀라지 않는 사자처럼,

그물에 걸리지 않는 바람처럼,

진흙에 더럽히지 않는 연꽃처럼,

무소의 뿔처럼 혼자시 가리.'

비행기가 이륙을 위해 활주로를 전속력으로 질주하듯 선은 오직 침묵으로 일관한다. 그리고 정진이다. 정진이란 올바른 수행의 방향으로 흔들림 없이 매진하는 것을 의미한다. 오로지 깨달음을 향하여 구부림 없이 실천하는 것이다.

그런데 과연 무엇이 올바른 수행의 길인가 의문이 생긴다. 내가 정진하고 있는 가치관이 최선의 것이라는 보장은 어디서 받아야 할 것인가, 종교인가 철학인가 아니면 과학인가? 이것도 아니고 저것도 아니라면 과연 무엇이 정법正法이란 말인가!

선이란 생각을 정리하고 생을 뒤돌아보는 회한이 아니다. 그럼 인생을 관조하는 것인가? 그것도 아니다. 그러면 참회기도나 고백성사가 아닐까? 그들도 아니다. 오직 존재의 근원, '내 안의 참나, 진아眞我'를 찾아 떠나가는 길이다.

"참나(眞我)를 깨닫기 전에 나라면서 살아온 나는 에고(自我)라 한다. 에고란 짐승으로 탐진치라는 삼독의 수성獸性을 지녔다. 참나를 깨닫기 전에는 수성으로 사는 짐승이다. 참나는 이 수성을 항복받아 다스린다."(박영호의 『불교사상』 중에서)

존재의 근원, 참나는 무엇이든 창조할 수 있는 천지창조의 힘과 연결되어 있다. 그래서 본성本性, 불성佛性이라 하며, 위대한 실체며 하느님이라 의역된다.

하느님이 육신에 깃들면 황송하여 성령이라 말을 바꾼다. 하늘의 이치가 내 몸에 자리하면 본성이 된다. 본성이란 그 무엇과도 비교할 수 없는 맑고 깨끗한 절대자 하느님의 분신이다.

선의 목표는 본성에 붙어 있는 티끌인 에고를 씻어내고 맑음을 환원시킴으로써 '어린이의 순수한 영혼'으로 되돌아가는 것이다. '어린이로 돌아가야만 성령으로 거듭난다'는 성경의 구절이 예사롭지 않다. 결국 선이란 맑음의 참나를 찾아가는 통찰력의 배양이다.

선은 초월적 사유다

선은 정신적 자기만족이나 깊은 내적 침묵 속에서의 휴식은 아니다. 따라서 선이 어떤 목표를 가진다든지 혹은 정신적 쾌락을 찾고 안수하고자 하는 개인적이고 주관적인 정화라고 추측하는 것은 잘못된 것이다.

선은 초월적 사유思惟다. 생각을 억제하기 위해 자기최면식의 방편을 만들어 자기를 의식하는 주체의 경험이나 행위를 선이라 말하지 않는다. 더구나 선은 지식과 인식의 대상에서 벗어난 초월적 존재(영혼)와의 관계성의 경험도 아니다.

하지만 선은 초월적 존재의 실재를 부인하지도 않는다. 그것은 단순히 존재하는 것이다. 소위 선은 주관과 객관을 초월하는 존재의 근원, 본성에 대한 존재론적인 자각이다. 따라서 본질을 즉각적으로 포착하는 통찰력의 지혜라 할 수 있다.

선은 어떤 의미에서는 심리적 관찰과 형이상학적인 숙고의 틀을 초월한 것이다. 좀 더 세련된 표현을 쓴다면 그것은 순수하게 영적이라 할 수 있다.

선은 언어의 순수성을 무시한다

선은 번뇌망상을 잠재우고 이어서 착着에서 벗어나기 위한 부단한 노력을 경주한다. 생각과 의식에서의 해방은 무아無我라는 말로 대체될 수 있다.

그러나 무아로 진입하는 길에서 만나는 '공空과 객체의 사라짐'을 잘 이해해야 한다. 왜냐하면 이런 민감한 문제에 대해서는 아주 경미한 실수도 큰 화근이 되기 때문이다.

우리는 깨달음의 목표로 상상되는 '마음의 순수성'과 '공 자체'에 매달려 어떤 기법-생각의 근원을 찾는다거나 일어나는 생각을 한 점에 던진다거나-을 동원하여 고요 속을 거닐게 된다.

이것들은 신비적 삶의 최고 경지인 것같이 보일 수도 있겠지만 완전히 과녁을 벗어나는 행동일 수도 있다.

그래서 선사들은 무기공과 분별심에 대한 경계령을 내리고 있다. 따라서 부정적인 내면의 침묵(자기최면)이나 무의식의 상태를 개발하는 것을 권장하지 않는다.

'신수대사의 거울과 먼지'에 대한 혜능선사의 '본래무일물'의 논지는 "만약 네가 순수성의 개념을 소중히 품고 이 개념에 매달린다면 너는 그 순수성을 인공적인 것으로 만들어 버리는 꼴이 된다. 순수성은 어떠한 형식도 모양도 갖고 있지 않다.

그리고 네가 순수성이라고 알고 있는 어떤 형식을 확립함으로써 순수성을 성취했다고 주장한다면 이때 너는 순수성에 갇혀 버린 것이다. 네가 스스로 경계 짓고 상상한 순수성이라는 개념의 감옥에 갇혀 버린 것이다."

따라서 "만약 제자들이 비본질적인 상태를 개발하고 여기에 머무른다면 이미 그는 비본질에 구속된 것이다. 만약 선승들이 선을 수행하고 거기에 머무른다면 바로 그 선이 그들을 속박하게 되는 것이다. 마찬가지로 그들이 초월세계의 침묵을 수양하고서 거기에 안주할 때 바로 그 초월세계의 침묵이 그들을 구속해 버린 것이다."

◉ 선은 절대계를 향한 몸부림이다

'아제 아제 바라아제 바라승아제 모지 사바하'

'가세 가세 저 언덕을 건너가세 모두 가서 도道를 이루세'

주문이나 진언은 방심이나 정신적 혼란으로부터 '정신을 지키는 것'을 의미한다. 주문은 사람들이 수없이 반복하는 짤막한 경구다. 이들을 외는 것은 정신의 피상적인 움직임을 진정시키는 데 도움이 되고 아울러 정신의 본성을 관찰할 수 있게 한다고 주장한다.
이처럼『반야심경』의 만트라는 수행자가 건너야 할 피안과 차안의 세계를 극명하게 설명하고 있다. 우리가 살고 있는 현실세계는 피안의 상대세계이며 차안은 서방정토며 극락세계로 불리는 절대계다.

상대계는 내가 있으면 항시 남이 있다. 또 기쁨이 있으면 반드시 좌절이 있고 일등이 있으면 언제나 꼴찌가 있다. 누군가가 이익을 보면 반드시 누군가가 손해를 본다.
그러나 절대계는 오직 유일한 하나뿐이다. 기쁨으로만 가득차고 누구도 손해 보지 않는 이상향이다.

그곳은 나지도 않으며 죽지도 않으며, 모자라지도 않고 넘치지도 않으며, 결코 더러워지지도 않으며 항시 깨끗하지도 않는다. 그

래서 절대적 하나라고 칭송하고 존경하다 못해 절대자 하느님이
라 추앙한다.

그럼 상대계와 절대계는 어떻게 정리되어야 할까? 상대계는 현
실의 세계이지만 절대계는 가상의 세계로 지금껏 이론상으로만
존재하는 세계다. 그러나 석가부저께시는 몸소 경험하고 체험하
면서 니르바나라고 말했다. 그리고 니르바나의 절대성에 대하여
다음과 부연했다.

"선남자여, 니르바나 자체는 나는 것도 아니요,
나오는 것도 아니다.
업을 지어서 생기는 것도 아니요,
유루有漏인 하염 있는 법(有爲法)이 아니며
들을 것도 아니며 볼 것도 아니요
떨어지는 것도 아니며 죽는 것도 아니요
다른 모양도 아니며 같은 모양도 아니요
가는 것도 아니며 돌아오는 것도 아니요
과거도 현재도 미래도 아니며
하나도 아니며 여럿도 아니요
긴 것도 아니며 짧은 것도 아니요

둥근 것도 아니며 모난 것도 아니요

뾰쪽한 것도 아니며 비낀 것도 아니요

있는 모양도 아니며 없는 모양도 아니요

이름도 아니며 빛도 아니요

인因도 아니며 과果도 아니요

나와 너의 것도 아니니

이런 이치로 니르바나는 항상恒常한 것이며

영원히 변역變易하지 않는 것이라서

아승지겁 동안에 선한 법을 닦아 모아서

스스로 장엄한 뒤에야 보게 되느니라.

(『대반열반경』, 고귀덕왕보살편)

선은 정신통일이다

떠오르는 생각을 한 곳으로 모아 집중함으로서 삼매를 체험한다. 삼매는 객관과 주관이 하나가 되지만 정신통일은 주관과 객관이 모두 없음을 표명한다. 다시 말해 삼매의 궁극적인 목적은 '내가 없음'이다.

諸行無常　모든 짓거리 덧없어라
是生滅法　나는 것은 반드시 사라지니
生滅滅己　죽고 사는 내가 없음이
寂滅爲樂　고요 속의 즐거움(부처)이던가

나(에고)를 없앨 수만 있다면 성인이나 진배없다. 따지고 보면 교회의 기도나 염불도 종교적인 의미만 빠지면 정신통일일 뿐이다. 불전은 지계를 지켜 선정에 들면 지혜를 얻을 수 있음을 설명하고 있다. 선정이 바로 정신통일이다. 정신통일은 정신을 집중하는 것 외에는 다른 방법이 없다.

그럼 정신통일은 어떻게 하는 것인가? '구하지 말고 의지하지 말고 상을 짓지 말라'는 조사들의 사자후가 정답이다. 그러나 정신을 집중하려 해도 도대체 두뇌가 생각을 잠시도 멈추지 않는다. 혹 다른 비법이 있는 것은 아닐까?

이때는 수식관 호흡이 생각을 정리한다. 『안반수의경』은 숫자와 호흡을 집중하면서 침묵의 정진으로 삼매를 얻을 수 있는 지름길을 안내하고 있다.

독서삼매는 나와 책이 하나가 되는 정신통일의 결과물이다. 그럼 진정한 삼매는 어떤 것인가? 삼매는 주관과 객관이 하나가 됨을 의미하지만 추상적이며 관념적이다. 그렇다면 체험의 실제적 정황은 없는 것일까?

삼매의 정황 증거는 '묘한 작용(妙用)과 묘한 촉감(妙觸)'이다. 묘용과 묘촉은 수마睡魔와 무기無記의 나른함과 혼침 속에서 그 모습을 드러낸다.

졸음을 마귀로 표현하고 또 나무나 돌과 같은 무정물無情物의 멍청한 공은 어떤 마귀보다 경계를 요한다.

그리고 사법邪法의 수행 비법들, 특히 의념수련과 자기최면식 기법은 청정심과는 정반대의 길이다. 한마디로 그들은 마왕의 수족들이다.

그리고 보면 수식관 호흡을 제외한 수행상의 어떤 기법이나 비법은 자연스러움을 방해하는 요소가 된다. 예를 들어 관세음정근도 마찬가지다. 정신을 집중하는 데는 주문이나 구호가 제격이다. 하지만 관세음보살을 외는 순간 우리는 보살의 가피를 상상하고 의지하며 구하게 된다.

또 중국기공의 기수련은 의념수련을 전제로 하고 서구의 명상기법은 이미지를 그리는 자기최면을 중시한다. 이들은 암시를 통하여 기의 상을 만들고 또 미래의 이미지를 그려 마음의 평화를 약속 받는다. 그러나 결과적으로 '암시에 의한 최면기법'으로 두뇌를 세뇌하는 결과물일 따름이다.

자기 암시는 환자의 심리치료용 정신과 의사의 처방전이다. 환자가 아닌 이들이 치료약물을 복용하면 부작용이 생기듯 자기 최면 암시는 그 병폐가 사뭇 심각하다.

암시는 그 상황을 두뇌에 투영시키며 자연스러움과 당위성을 혼란하게 만든다. 오로지 암시가 이끄는 대로 생각을 고정시키면서 에고(法執)와 맹신의 덫에 걸리기 쉽다. 불교에서 무심을 주장하는 이유가 여기에 있다.

선은 무심을 먹이로 입정을 유도하고 선정은 '내가 없음'으로 유지된다. 그 결과 무위자연無爲自然의 위대한 실체와 동행하게 된다. 그때마다 묘한 작용과 묘한 촉감이 삼매를 인도한다. 경혈의 열림에서 오는 기운의 상쾌한 느낌과 경혈의 막힘에서 오는 가슴의 답답함이 묘한 작용으로 펼쳐진다.

선은 심리치료가 아니다

기업은 이윤이 목적이고 학교는 인재양성이 목적이다. 심리치료는 건강이 목적이지만 선은 깨달음이 목적이다. 심리치료는 정신과 의사의 보조적 치료에 기인한 정신질환 치료의 일종이다. 일반인들도 긍정적이고 능동적인 구호 '나는 할 수 있다!'만으로도 정신적 안정 상태를 활성화시킬 수가 있다.

심리학자들은 사람이 갖게 되는 감정상태에 따라 인체의 면역시스템 반응도 큰 폭으로 달라짐을 수많은 연구를 통해 이미 알고 있다. 우울증이나 자괴감, 공황장애 등으로 사회생활이 불가능한 이들을 돕는 심리치료에는 여러 가지 프로그램이 필요하다.

그 첫 번째가 조건 없는 사랑이다. 자기중심적인 이기주의는 상대방을 나쁘게 보고 증오심을 불태우면서 그 이면에 자신의 영혼도 괴롭힌다. 이것의 해결책은 태양이 선악을 구분 않고 누구에게나 따스하게 비추듯 무조건적 사랑뿐이다.

두 번째가 범사凡事에 고마워함이다. 일상의 자질구레한 일들에게도 항상 고마워하는 자세는 자연의 너그러움에 푹 빠지게 한다. 갈증에 마시는 한 잔의 물에서 고마움을, 숨 막히는 고통에서 맘껏 공짜로 들이쉬는 맑은 공기 앞에서 우리는 새삼 자연의 인자함에 고개 숙인다.

그리고 세 번째, 이 모든 행위가 나로 인하여 발생한 것임을 인정하는 태도다. "내 탓이요, 내 탓이요, 내 큰 탓이로소이다!"는 가톨릭 참회기도문의 대미다. 이윽고 실행으로 옮겨간다.

패배주의의 극복이다. 패배주의를 극복하는 명상기법은 '나는 할 수 있다. 나는 할 수 있다. 나는 할 수 있다!'라는 구호로 자신감을 팽배시킨다.

어떤 기법보다도 긍정적인 사고를 확장시키는 훈련이 가장 효과적이다. 부교감신경을 활성화시키는 긍정적인 생각은 심리치료의 결과를 확신한다.

심리치료는 패배의식을 극복하기 위한 의식의 전환, 유도최면이다.

하지만 선은 의식의 동원을 거부한다. 오직 '구하지 않고 의지하지 않고 상을 짓지 않는' 의식과 모든 심의식을 쉬게 함을 원칙으로 한다.

🔘 선은 참회나 고해성사가 아니다

그래도 과거의 잘못을 뉘우치고 참회하는 마음은 영혼을 순수하고 맑아지게 하는 것은 아닐까? 그러나 그렇지만도 않다. 뉘우치는 동안 마음의 짐은 조금 덜어져 편안하지만 영혼의 순수와는 다소 거리가 있다.

그렇다고 회개나 참회가 필요치 않다는 것은 절대 아니다. 뉘우치지 않는 삶은 도덕불감증으로 사회를 혼탁하게 만든다. 사람이 살아가는 데 있어 당연히 필요한 사항이다.

하지만 선은 고급 수행자의 몫이다. '내가 없는 자리'가 목표일진대, 자의식을 쉬게 해야 한다. 의식은 생각을 부르고 생각은 감정의 몰입을 가져와 집착의 함정을 만든다.

자기를 성찰할 수 있다는 것은 삶을 여유롭게 할 수 있다. 하지만 그곳에 목적을 두고 장시간 습관적으로 생각을 떠올리는 행위는 손기損氣를 가져온다. 잡념은 그 생각 자체가 두뇌의 과부하로 기운을 소모하게 된다. 더구나 습관적인 자기 회한은 부정적이며 패배주의 감성을 조장할 뿐이다.

생각은 유혹이다. 생각은 관념이다. 생각은 마구니다. 오직 현재
의 지금, Now! 뿐이다, 정신통일만이 참회와 회한을 승화시킬 수
가 있다.

"인류의 역사를 돌에 새기고 쇠에 녹여 부어 수천 년 수만 년을
남겨 왔어도 결국 물어 찢으며 싸움한 기록이다. 자랑할 것이 아
무것도 없다.
인류의 역사는 죄악의 역사지 그 밖에 아무 것도 아니다. 개인의
역사도 마찬가지다. 지나간 역사는 모두 죄악뿐이며 후회할 것뿐
이지 누가 감히 자기의 과거를 자랑할 수 있으랴.
어거스틴만 참회록을 쓰고 루소만 참회록을 쓸 것이 아니다. 누
구나 자기의 과거를 쓰면 다 후회요 참회인 것이다.
지낼 과過자가 본디 허물 과過자다. 뱀이 허물을 벗어버리듯 벗어
버릴 것이지 영원히 보존할 것이 못된다."(류영모의 다석어록)

선은 맑음을 추구한다

빛과 어둠은 긍정과 부정이다. 그 빛 속에 맑음이 드러난다. 맑음
은 육신의 탁함과 영혼의 오염을 청소한다. 육신의 탁함은 질병

이요, 영혼의 오염은 업장(카르마)이다.

깨달음으로 가는 길에 반드시 거쳐 가야만 할 길이 있다. 업장소멸이다. 이것은 윤회의 삶 속에 새겨진 지난 생의 빚을 갚는 행위다. 업장은 이번 생에 갚지 못하면 반드시 다음 생으로 이월된다. 업장은 참회기도나 보시로 해결될 수 있는 것은 결코 아니다. 오직 선의 실천만이 약속할 수 있다.

업장(카르마)이란 윤회의 삶 속에 남겨진 전생의 기록표로 영혼들의 에너지인 압축 프로그램이다. 마치 항공기의 기록장치(블랙박스)에 모든 비행의 정보가 기록되어 있듯이 지난 생의 행적이 에너지로 밀봉되고 포개어져 있다.
그들은 가죽처럼 질기고 돌처럼 단단하게 굳어져 그 어떠한 것으로도 도저히 녹일 수 없는 악성껍질로 변해 있다. 이렇게 단단하게 무장한 어둠의 용병들은 업장의 이름으로 허약체질과 유전자의 꼬리표를 달고 윤회의 길을 재촉하며 깨달음의 길을 막고 있다.

업장은 오로지 선으로 얻어진 맑음만이 녹일 수 있음을 불전은 전하고 있다. 참회기도나 무주상 보시조차로도 업장소멸이 불가능하다면, 맑음 그 자체도 관념적이 아닐까? 그러나 그렇지 않다. 한의학의 경혈이론이 맑음의 증표와 업장의 근원지를 밝히고 있다.

육신에 신경세포가 있듯이 경혈은 영혼의 신경조직으로, 모든 업장은 오장육부의 중심 경혈에 근거를 두고 노병사老病死로 윤회의 수레바퀴를 돌리고 있나.
그렇다면 업장소멸 역시도 관념적이지 않다는 말인가? 그렇다. 업장은 질병의 원천으로 아프지 않은 사람이 없는 것과 같다.

업장소멸은 맑음을 쟁취하는 데서 시작되고 맑음은 마음을 비우는 데서 시작된다.
마음을 비우는 비결은 특별하지 않다. 흔히들 일상에서는 자기를 낮추는 하심下心을 말하고, 또 항시 남의 입장에서 이해하는 역지사지易地思之 정신을 언급한다. 그러나 이러한 일들은 일상적이며 기본적인 계율로 굳이 수행자가 아니라도 당연한 일이다.

수행자의 몫은 오직 정신통일이다. 조용히 눈을 감고 집중하는 자세가 육신의 동물본능으로부터 나를 해방시킨다. 물론 초기에는 집중을 방해하는 요소가 끈질기게 괴롭히지만 이것 역시 나와의 전쟁이다.

모든 것에서 자유로워지려면 끈기 있는 정진만이 해답이다. 선禪의 실천은 존재의 근원, 대자연과 하나가 되면서 묘용과 묘촉을 대동하여 청정을 이끈다. 묘용과 묘촉은 구체적이고 객관적이며 활동적이다.

가슴에 맺힌 업장의 모습은 경혈의 막힘과 연결되면서 맑음의 인도 아래 분해된다. 분진으로, 가스로 해체된 업장의 덩어리가 두뇌의 백회혈로 빠져나가는 것을 본인 스스로 감지할 수 있다.
이러한 시스템을 가동시키는 것이 묘용의 매력이며 본체다. 따라서 백회의 개혈과 함께 얻어지는 하늘의 소리, 관음은 업장소멸을 주도하는 법력이며 깨달음의 전초기지다.

선은 본성의 만남을 시도한다

육신假我이 나의 전부라고 생각하던 내가 '내 안의 다른 참나眞我'인, 즉 자성自性을 인식하게 된다.
곽암화상의 「십우도」는 '내 안의 참나'인 자성을 소에 비유, 이 자성을 되찾아 쓰는 과정을 열 단계로 나누어 설명하고 있다.

제1단계 소를 찾아가다(尋牛)

제2단계 소의 자취를 보다(見跡)

제3단계 소를 보다(見牛)

제4단계 소를 잡다(得牛)

제5단계 소를 풀 먹이다(牧牛)

제6단계 소를 타고 집으로 돌아오다(騎牛歸家)

제7단계 소를 찾았다는 생각을 지워버리다(忘牛在人)

제8단계 찾은 소와 찾는 나를 모두 지워버리다(人牛俱忘)

제9단계 근본으로 돌아가다(返本還源)

제10단계 시장바닥으로 들어가 종횡무진 진리의 바퀴를 굴리다 (入廛垂手)

견성이란 본성本性과의 만남이다. 십우도의 그림 속에선 소의 발 자취를 보고 믿고 따라간다. 그것이 용맹정진이다. 드디어 소의 자취를 보고 소를 잡는 과정이 견성이다. 소는 본성을 뜻한다. '내 몸 안의 또 다른 참나'다. 마침내 목우(牧牛, 소를 기르는 그 목 장이 보림공부)다.

선은 마음을 비우는 공부다

불교의 진리는 '심본무생心本無生'이다. 마음은 본래 생기는 것이 없다. 이것을 정확하게 꿰뚫으면 깨달음을 얻을 수 있다고 한다. 허나 그것이 만만치 않다. 마음법을 깨치면 그 자리가 성불成佛이라 했는데 좀처럼 마음을 깨치기가 힘들다.

마음은 주관이라 본래 없는 것인데 바깥의 사물이 경계를 만드니 객관이 된다. 그래서 마음이 생기는 것이다. 경계란 이곳과 저곳을 구분하는 경계선이 아니라 몸 바깥의 환경, 대상물이다. 한마디로 견물생심見物生心이다.

마음은 본래 무생無生이지만 눈에 보이는 천지만물의 여러 가지 형상인 경계에 의해서 생기게 된다는 것이다. 더구나 한 번만 생기는 것이 아니라 시시각각으로 온갖 생각이 되어 자꾸 일어난다. 따라서 생각이 윤회의 수레바퀴를 돌리고 있다. 『수능엄경』에는 마음과 생각에 대하여 친절하게 설명하고 있다.

눈앞의 여러 환경, 대상이 없다면 마음도 또한 없다. 마음이 생기지 않고 항상 고요하고 요동치지 않고 산란이 없으면 바로 공空이다.

마음은 비어 있는 것 같지만 보기도 하고 듣기도 하고 생각하기도 하고 느끼기도 하는 여러 가지 능력을 가지고 있다.

중생은 마음이 요동치지만 부처는 마음이 고요한 공이다. 마음을 비우고 밝게 가지는 것 외에 마음공부가 따로 없다. 그래서 참선을 하고 정신통일도 하는 것이다.

🔘 선은 무심을 대동한다

정신통일이란 무엇인가? 정신을 집중하는 것이다. 그것도 오랫동안! 그러면 신비나 신통 중 그 무엇이 나타날 것 같은 예감이 든다. 그러나 그렇지 않다. 정신통일은 아무것도 나타나지 않는 것이다. 혹 어떤 그림이나 신비함이 나타나더라도 '응당 머무름이 없는 마음'으로 지나친다. 집착하지 않으면 곧 무심無心이 되고 곧 무위의 한가운데 있게 된다.

황벽선사가 말씀하시기를

"세상 사람들이 '부처님이 제자들에게 심법心法을 전했다'고 말하는 것을 듣고는 '마음 위에 따로 어떤 하나의 법을 증득할 수 있고 취할 수도 있다'고 생각하여 마음공부를 자청하여 마음을 가지고 법을 찾는다.

하지만 마음이 곧 이 법法임을 알지 못하며 법이 곧 이 마음임을 알지 못함이라. 마음을 가지고는 다시 마음을 찾을 수 없는 것은 당연한 일, 천만 겁을 지나서 닦을지라도 결코 얻을 날이 없다. 당장에 무심함만이 바로 본래의 법이니라."

다시 이르기를

"도道를 배우는 사람이 만약에 성불成佛을 얻고자 한다면 일체의 불법佛法을 배우지 아니해야 한다.

다만 배울 것이 있다면 오직 구함이 없고 집착도 없는 것을 배울 것이니라.

구함이 없는 것은 곧 마음이 나지 않음이요, 집착이 없는 것은 곧 마음이 없어지지 않는 것으로 불생불멸이 곧 이 부처이니라.

도를 배우는 사람은 한 생각(一念)이 있는 것을 다만 두려워함이니 만약에 일념一念이 있으면 곧 도와는 거리가 멀다. '생각 생각의 상이 없는 것(念念無相)과 생각 생각이 함이 없는 그것(念念無爲)'이 곧 부처이니라."

또 이르기를

"도를 배우는 사람이 교법敎法의 위에서 깨닫고 마음법 위에서 깨닫지 못하면 비록 수많은 시간을 할애해서 수행할지라도 결코 부처가 될 수 없다. 만약에 마음에서 깨닫지 못하고 교법의 위에서 깨달으면 곧 마음을 소홀히 여긴다.

마치 사자는 돌을 던지는 사람에게 덤비고 강아지는 돌을 따라가듯 본심을 잊어버리기 때문이다. 다시 말해 본심에 계합하면 애써 법을 구할 것이 없다. 이것은 마음이 곧 법이기 때문이다."

또 말씀하셨다.

"도를 배우는 사람이 만약에 당장 무심無心하지 못하면 비록 미진수 겁을 지날지라도 성인聖人의 도를 이루지 못한다. 그러나 당장 무심이 되면 바로 이곳이 구경究竟이니라."

선은 주관과 객관을 부정한다

황벽선사가 말씀하셨다.

"이 본원本源 청정한 마음의 자체는 항상 스스로 둥글고 밝아서 두루 비추건만 세상 사람들은 깨닫지 못하고 6근(見聞覺知)에서 일어나는 생각을 전부로 인식하고 그것을 마음 삼아서 주관이 되고 견해가 되고 선입견이 된다.

그런 연유로 정명正明 본체를 보지 못함이니라. 그러나 당장에 무심無心하면 본체가 스스로 나타나느니, 비유컨대 큰 태양이 허공에 올라서 시방을 두루 비쳐서 다시 장애가 없는 것과 같느니라."

물은 처음 나오는 곳이 근원이듯이 나무의 근본은 뿌리다. 마찬가지로 마음의 근본은 마음자리다. 마음은 본래가 둥글고 밝기 때문에 우주법계를 널리 비추고 있지만 세상 사람들은 그 본원청정심을 깨닫지 못하고 6근(안이비설신의)의 유혹에 걸려 보고 듣고 아는 지식이 전부라고 생각한다.

깨달음이란 마음자리를 찾아가는 것으로 무심만이 그 길을 안내할 수 있다. 6근(見聞覺知)을 마음으로 착각해서 견문각지에 끄달리면 무심할 수 없다. 이것만 초월하면 무심이 되는 바 그때 본원청정심체가 나타난다.

마음의 본래 모습인 청정이 저절로 나타나는 것이 마치 밝은 태양이 먹구름 없는 상태에서 허공에 높이 떠서 걸림 없이 사방을 두루 비추는 것과 같이 된다는 뜻이다.

이어서 말씀하시기를

"범부는 경계를 취하고 도인은 마음을 취하나니 마음과 경계를 둘 다 잊어야만 이에 참다운 법이니라. 경계를 잊는 것은 쉽거니와 마음을 잊는 것은 지극히 어렵다. 사람이 감히 마음을 잊어버리지 못하는 까닭은 공하여 잡을 수 없는 곳에 떨어질까 두려워하기 때문이다. 공한 것이 본래 공함이 없고 오직 하나의 일진법계뿐임을 알지 못하도다."

마음은 주관이고 바깥의 사물인 경계는 객관이다. 삼매는 주관과 객관이 하나가 되는 상태를 말함인데 고급 수행자는 주관과 객관 둘을 다 놓아야 한다. 여기에서 유위와 무위의 차이가 생긴다.
유위가 의식의 활동이라면 무위는 '의식이 있는 것도 아니요, 있지 않는 것도 아닌' 상태다. 다시 말하면 존재의 근원으로 자연적 소산인 있는 그대로의 모습이 된다.

서구명상법에서도 의식을 통한 집중의 중요성과 함께 마음을 통한 관법의 중요성을 일깨우며 많은 학설을 쏟아내고 있다. 하지만 그들은 유위와 무위를 이해하지 못한다.
설혹 이해를 높인다 해도 묘용과 묘촉을 체험하지 못하면 자기최면과 무기공에 빠져 결코 영적인 장애를 피할 수 없게 된다.

초자연계는 신비와 신통과 함께 수많은 어둠의 함정이 구도자를 노리고 있다.

선은 무위의 관이다

육신의 눈으로 보는 것은 견見이라고 하고 마음의 눈으로 보는 것을 관觀이라 한다. 결국 관은 집중의 엑기스다. 집중을 경주하다 보면 그 중간에 핵심이 있다. 바로 집중의 집중이다.

그러나 무슨 말인지 이해가 잘 안 된다. 그럼 집중함을 의식이 관여한다면 의식이 없는 집중을 관이라고 표현할 수 있을까? 다시 말해 관은 무의식의 상태인가? 천만에! 그것 또한 아니다.

남방불교의 위빠사나는 관법을 수행의 무기로 한다. 행行할 때 행함을 알고 주住할 때 주함을 안다. 행주좌와 어묵동정도 모자라 긴긴밀밀함의 초강력 집중을 요구한다.

그 대표적인 것이 경행이다. 발을 들어 올림을 알고, 내림을 알고, 뒤꿈치가 땅에 닿음을 알고, 발끝이 땅을 박참을 알아차린다. 이처럼 한 치도 놓치지 않는 의식의 흐름을 관觀이라고 한다면 이것은 유위법이 된다.

무위의 관觀이란 '배부른 사자가 얼룩말 보듯이' 하는 것이다. 보는 것도 아니요, 보지 않는 것도 아닌 것으로, 의식이 관여하지 않으면서도 긴장을 놓치지 않는 마음의 눈이다.

『금강경』에서는 "응무소주이생기심(응당 머무름 없이 내는 마음)"을 말한다. '머무름이 없이 내는 마음'이란, 마음을 일으키지만 그 일으킨 마음에 착着이 없다는 뜻이다.

하지만 이 말 또한 알 듯 모를 듯하다.

결론적으로 문자와 언어로서는 표현하기가 힘들다는 것이다. 오직, 행行을 통한 선험만이 무위의 관을 설명할 수 있을 뿐이다. 선정은 집중을 통해 떠오르는 생각을 쉬게 하고 아상我相을 비우는 작업이다.

따라서 기교나 비법이 없는 정신통일이다. 이때 의식의 진행과는 무관하게, 의식이 관여하지 않는 묘한 작용(妙用)이 살며시 등장한다.

일체의 분별심을 멀리할 때 '묘한 작용'은 삼매의 초입에서 항하의 모래 수처럼 나타나 관觀을 유도한다. 이것이 무위법이다.

선은 꿈에서 깨어나는 행위다

『무문관無門關』이라는 선서에 "어리석은 사람 앞에서는 꿈 이야기를 하지 말라(痴人面前不可說夢)"고 한다. 어리석은 사람은 꿈 이야기를 사실로 안다는 것이다. 꿈속의 일과 현실을 가릴 줄 모른다는 뜻이다.

장자의 호접몽胡蝶夢은 꿈의 실체를 반전한다.
"지난밤 장주莊周가 꿈을 꾸었다. 꿈에 나비가 되었다. 나비는 훨훨 날아다녔다. 스스로 기뻐하며 마음이 즐거웠다. 그러나 자기가 장주인 것은 몰랐다. 문득 깨어보니 틀림없는 장주였다. 나는 모르겠다. 내가 꿈에 나비가 되었는지 아니면 나비의 꿈에 내(장주)가 되어있는지 도무지 알 수가 없다."(『장자』 제물론)

우리는 꿈속에 있을 때는 꿈이 꿈인지를 알지 못한다. 깨었을 때 비로소 꿈이 꿈이었다는 것을 알게 되는 것이다. 이것은 장자의 지혜로운 말이다. 그런데 꿈이 꿈이라는 것을 알고 있지 못하는 것처럼, 지금의 깨어 있는 현실이 또 하나의 꿈이라는 것을 모를 수도 있다.

또 하나의 새로운 깸이 올 적에 비로소 나의 현실이 꿈이었다는 것을 알 수도 있다. 대각大覺이 오면 나의 깨어 있는 현실이 또 하나의 대몽大夢이었다는 것을 깨닫게 된다는 것이다.

장주가 나비의 꿈속에서 자기를 깨달은 것이 자각自覺이다. 비유컨대 하느님이 꿈을 꾸어 사람이 되었는데 그 꿈속의 사람이 꿈을 꾸어 하느님이 된다. 장주가 나비를 통해 자각을 하듯 하느님은 사람을 통하여 자각을 한다. 꿈속에서 자신이 누구라고 아는 것이 깨달음이다.

우리는 하느님이 만물을 창조하였다는 생각 때문에 이 현상계를 실재하는 세계로 착각을 한다. 그러나 정확하게 말하면 하느님께서 창조한 것이 아니라 꿈을 꾸어서 나타난 것으로 비유할 수 있다.

법문 제일 부루나가 "산하대지가 어떻게 생기게 되었습니까?" 하고 물으니 부처께서는 "한 생각에 만들어졌다."고 했다. 이 한 생각의 마음이 바로 창조주다. 하느님께서 꿈을 깨시면 이 세계는 사라진다. 그래서 석가부처는 "이 현실의 상대세계는 꿈이요, 허깨비요, 물거품이요, 그림자다."라고 했다.

장자莊子가 말하기를 "꿈속에서 술을 마신 이는 아침에 슬피 울고 꿈속에 울던 이는 아침이면 사냥을 간다. 꿈을 꿀 때는 그것이 꿈인 줄 모르고 꿈속에서 또 그 꿈을 점치기도 하다가 깨서야 꿈이었음을 안다. 이 같이 큰 깨달음 뒤에 이 삶이 한바탕 큰 꿈임을 안다."

이광수의 소설『꿈』은 정신세계의 계몽적 소설로 현실과 꿈의 역학관계를 재조명하고 있다. 또 고전인『심청전』이 효심만을 말하는 것은 아니다. 맹인과 인당수는 천목혈인 인당혈의 간접적 표현이다. 몽매한 이들의 눈을 뜨게 하는 구도적 얘기가 중심에 있는 줄 아는 이는 드물다. 결국 우리 모두는 미혹에 빠져 앞 못 보는 맹인의 위치에 있음이다.

인생은 한바탕 큰 꿈일진대 그 꿈속에서 무슨 화려한 꿈을 꾸자는 것이 우리네 인생이다. 이 세상이란 이게 분명히 꿈이지만, 또 꿈인 줄 알지만 아무리 깨려고 해도 꿈속에서는 못 깬다. 우리의 이 꿈은 죽어야만이 깰 수 있는 묘한 녀석이다.

그래서『반야심경』에서도 원리전도몽상遠離顚倒夢想이라, '꿈에서 깨어 멀리 떨어짐'이 지혜라 했다.

"가섭이여! 세상 사람들은 나(我相)가 있다고 생각하나
불성의 참나(眞我)가 있는 줄은 모른다.
그러기 때문에 이 사람은 없는 나(我相)를
있는 것으로 착각을 하고 있다.
이것이 뒤바뀜(顚倒)의 생각이다.

불성佛性의 나가 있다는 것은 곧 불성의 참나이다.
다시 말해 불성의 나가 참나다.
모든 사람들은 이 불성의 나를 가지고 있다.
이것이 참나(眞我)인 것이다.

덧없는 것을 덧 있는 것(常)으로
덧 있는 것을 덧없는 것으로 생각한다.
사람들은 고통을 즐거움(樂)으로 생각하고
즐거움을 고통으로 생각하고 있다.
거짓 나를 참나로 알고 참나(眞我)를 없는 것으로 생각한다.
더러운 것을 깨끗한 것(淨)으로 생각하고
깨끗한 것을 더러운 것으로 안다.

그대들은 이 뒤바뀜의 생각을 버리지 않으면 안 된다.

그대들은 반드시 힘써서 어떠한 곳에 있을지라도
언제나 니르바나의 영원함(常)과 기쁨(樂)과
참나(我)와 신령함(淨)을 생각하고 공부해야 한다.
(『대반열반경』)

선은 무소유를 추구한다

부처란 산스크리트어 붓다Buddah의 사음으로 '깨달음을 얻은 이'를 말한다. 선을 통하여 육신의 몸에서 일어나 깨달음을 얻어 법신으로 몸을 바꾼 이다. 이것은 기독교 성령의 거듭남과 그 의미가 비슷하다. 하지만 복종의 기도가 아니라 선의 실천이다.

선수행의 첫 번째 과제는 육신의 삼독三毒인 탐, 진, 치를 굴복시키는 일이다. 탐욕과 성냄과 치정은 짐승의 본능이다. 짐승들은 오직 먹고 마시고 종족보존에 힘쓰는 식색食色에만 일생을 허비한다.

이러한 수성獸性에서 깨어나는 지름길이 무소유無所有다. 무소유란 재물을 소유하지 않는 것이 아니라 소유는 하되, 착着하지 않고 위대한 자연으로 회귀하는 일이다.

흔히들 선수행을 개인 재산을 허락하지 않는 공산주의식 경제를 생각하기 쉽다. 그러나 그렇지 않다. 성경에도 이르기를 "돼지에게 진주를 주지 말고 뱀처럼 슬기로워라"며 재물의 용도를 분명히 설정하고 있다.

재물보다 더욱 버리기 힘든 소중한 재산이 있다. 바로 엘리트집단의 지식이다. 물질은 가난을 면하게 하지만 지식은 에고와 아집을 만든다. 어떻게 보면 물질의 무소유보다 지식의 무소유가 더욱 필요하다.

'부자와 지식인이 하늘나라에 가기가 낙타가 바늘구멍으로 들어가기보다 힘들다'는 성서의 인용이 아니라도 물질과 지식을 비우는 청빈은 심신을 맑게 하는 최상의 묘책이다. 비운다는 것은 불성(성령)을 담을 수 있는 그릇을 새로 만든다는 의미이다.

물질과 지식만이 행복의 필수불가결한 조건은 절대 아니다. 소유물이 오히려 우리를 소유해 버리기도 한다. 물질이 그렇고 지식 또한 에고와 거만을 가져와 평화와 만족과는 거리가 멀어진다. 비평이 불평이 되고 인격이 이상으로 변한다. 고로 선수행자는 지식의 많음을 경계해야 한다.

기독교의 기도는 하느님을 향한 간구다. 하지만 하느님을 향한 기도도 바꿀 필요가 있다. 무엇을 바라고 원하는 기도보다는 가슴을 활짝 열고 마음을 비우면서, 무심으로 하느님의 말씀을 경청하는(듣고 전달하는) 기도야말로 청정을 가져온다.

나는 내 마음대로 말하지 않고 나를 보내신 아버지께서
무엇을 말하라고 친히 명령하시는 대로 듣고 말하였다.
나는 그 명령이 영원한 생명을 준다는 것을 안다.
그래서 나는 무엇이나 아버지께서 나에게 일러주시는 대로
듣고 말하는 것뿐이다.(요한 12:40)

선은 실천하는 가르침이다

종교는 포교활동을 중시한다. 그중 기독교의 열광적인 포교는 사뭇 공격적이다. 중동 이슬람권과의 충돌에서 무고한 인명이 살상된 사례는 누가 누굴 탓할 수 없다. 순교자의 죽음은 종교의 성역이다. 하지만 기독교와 관계없는 남아 있는 가족들의 슬픔은 시간이 갈수록 쌓여만 간다.
몇 년 전 주검으로 돌아온 기독교 봉사단의 패기 넘쳤던 젊은 영

혼은 고향 선배의 자제다. 틈틈이 불전의 말씀으로 허전한 마음을 달래며 노후를 보내는 가족들께 다시 한번 위로의 안부를 보낸다.

선은 포교가 아닌 구도를 중시한다. 따라서 외면이 아닌 내면적이다. 겉으로는 무정부주의자로 오해 받기도 할 만큼 평화롭고 목가적인 일상이다. 오직 자아만을 성찰하며 국가나 사회에는 아랑곳 않는 무관심적 측면이 있어 다소 수동적으로 보일지 몰라도 그 내면에는 이글거리는 활화산을 껴안고 있다.

또 행行하는 것에 그치지 않고 존재의 근원을 찾아 돌진하는 선 수행은 존재방식을 통해 자신이 실천하고 또 가르치는 것을 재현하는 모습이다. 그러므로 선의 체험은 논리로는 불가능하다. 그 맛은 성성하면서도 적적하고 깨어 있으면서도 고요하다.

🔵 선은 자연과의 교감을 원한다

'내가 없음'은 자연으로의 회귀다. 자연은 돌과 나무와 같은 형이하학을 말하는 것이 아닌 존재의 근원, 형이상학의 대명사다. 법신法身, 진리眞理, 곧 우주의 이치와 질서를 포괄한다. 따라서 자연은 창조적 맑음을 내포한다.

깨달음의 세계는 눈으로 확인할 수 없어 대부분 추상적이며 주관적이다. 그러다보니 맑음 역시도 관념적이고 추상적으로만 생각한다.
하지만 진실된 그 길을 '묘한 작용'과 '묘한 촉감'은 세밀히 안내한다. 이들은 구체적이고 객관적이고 이성적이고 활동적이다.

묘한 작용(妙用)이란 무엇인가? 『능엄경』의 관음觀音법문이다. 범음, 해조음, 승피세간음으로 구성된 하늘의 소리, 관음은 관세음보살이 증득하고 가르친 깨달음의 법문이다.
물론 이런 과정이 단 한순간에 이루어지는 것은 아니다. '구하지 말며 의지하지 말며 상을 짓지 않으면서', '무소의 뿔처럼 혼자서 가고', '백척간두에 진일보'하는 정진만이 간신히 이곳에 도달할 수 있다.

🔵 선은 기교와 비법을 배제한다

몰아는 맑음의 출발점이다. 나를 없앤다는 것은 '내가 없어져라.
내가 없어졌다!'며 외우는 주문이 아니다. 나고 죽는 나를 없애는
(生滅滅己) 첫 번째 작업은 정신통일이다.
'나'라는 아상我相이 조금씩 녹아내리면 대자연의 코-드와 점점
하나가 된다. 그러면서 자연과의 동화는 오관으로만 감지했던 것
과는 또 다른 초자연계의 선험이 나타난다.

그 첫 번째가 기氣의 등장이다. 그렇다고 기수련가의 에너지를
말하는 것은 아니다. 육신에 흐르는 생명의 파장인 생기, 활기活
氣이다. 손바닥의 자력감과 뜨거움으로 나타나는 생명력의 전자
기장, 곧 '묘한 촉감'이다.
기의 느낌과 함께 오랜 정진의 시간 뒤에 등장하는 가슴의 답답
함은 경혈의 막힘현상으로 한의학의 치료점인 경혈의 존재를 새
삼 알린다. 그리고 각 장기의 대표 경혈에서 감지되는 묘한 작
용-답답함과 시원함-이 모든 것이 자연스럽게 드러나는 맑음의
증표다. 그 다음은 하늘의 소리, 관음觀音의 등장이다.

왜 지금껏 맑음을 추구하는 선에 정진하면서도 '달마조사의 묘한 작용과 묘한 촉감'을 논하지 못했을까? 또 『수능엄경』의 범음梵音과 승피세간음을 상징적으로만 이해하고 굳이 해조음을 찾는다고 바닷가에 사찰을 짓고 수행처로 삼게 됐을까? 이제껏 조사들이 한결같이 '구하지 말고 의지하지 말며 상을 짓지 말라' 했거늘……

이토록 분명히 설파했건만 왜 기교와 비법들이 난무하는 걸까? 이 모든 것이 '믿음으로 포장된 종교의 암묵적 암시'와 '기복祈福의 최면'에서 헤매고 있었던 까닭은 아니었을까?
부처께서 가리킨 '저 달'은 보지 않고 달을 가리키는 '이 손가락'만 보고 있었던 것은 아닐까!……

종교는 믿음(信)이 우선이다. 어떤 종교를 막론하고 믿음은 지상과제다. 사람들은 자기가 속해 있는 종교단체나 혹은 자기가 즐겨하고 있는 수행법은 누구나 비판 없이 받아들인다. 그것이 고급종교이든 혹은 우상숭배이든 간에 무조건 진리라고 확신을 가지고 있기 때문이다.

이것은 마치 일상의 일들과 같다. 부적절한 이성교제도 내가 하면 로맨스요, 남이 하면 불륜이다. 지식과 견해는 현실과 야합하고 아상은 객관성을 내치고 주관적 견해로 무장한다.

모두들 믿음의 종교를 앞세우며 본인 스스로 맹신의 덫에 빠져 예불과 십자가의 보혈로 신앙의 가치를 존중하고 있다.

선은 관음을 대동한다

관음觀音은 우주의 첫소리다. 『능엄경』은 우주의 기원과 수행방법을 설명하고 있다. 그 중 관음수행법은 깨달음으로 가는 25가지의 수행방법 중 관세음보살이 증득하고 가르친 수행법이다.

또 『능엄경』에서는 "모든 부처는 이 '음류音流'에 의지하여 내려와 중생을 제도하고, 보살과 중생은 이 '음류'에 의지하여 근원으로 되돌아간다"고 했으며, 관음의 종류를 '범음(梵音; 하늘의 소리), 해조음(海潮音; 바다소리), 승피세간음(勝彼世間音; 세상에 존재하지 않는 소리)'으로 설명하고 있다.

『법화경』에도 내면의 소리인 관음에 대하여 종류를 언급하고 있으며 음류의 실재를 확실히 하고 있다. "이 소리를 만나면 수행자는 업장의 사슬로부터 완전히 해방되어, 자유를 찾아 윤회의 굴레를 벗어날 수 있음을 의심하지 말라."고 전해진다.

성경의 첫머리에도, 우주가 시작되자마자 소리(말씀)가 있음을 기록하고 있다. 이 말씀(word)은 천상의 노래(音)로 표현되며 빛과 함께 천사들의 출현이 언제나 같이한다.

"태초에 말씀이 있었고 말씀은 하느님과 함께 있었으며 말씀이 곧 하느님이다. 우주만물은 모두 그 소리로부터 창조되었으며 소리로부터 나오지 않은 것은 아무 것도 없었다."

관음수행자가 머무는 공간에는 관음의 향기가 진동을 한다. 찬란한 칠색 무지개와 함께 관세음보살의 화신과 가브리엘 천사가 언제나 수행을 이끈다.

선은 존재의 근원을 향해 달린다

선의 실천은 맑음을 배양한다. 청정은 곧 법력으로 '위대한 실체'와 함께 한다. 불전은 청정을 최고의 순수 맑음으로 표하고 공空

으로 설한다. 공은 비어 있는 듯하나 맑음으로 꽉 차 있는 것이다.

하나는 시작 없는 하나에서 시작되어
마침내 세 가지 근본으로 나뉘어지니
하늘과 땅, 인간으로.
(『天符經』)

"태초에 말씀이 있었으니, 말씀은 하느님과 함께 계셨고 말씀
은 하느님과 똑 같은 분이셨다. 모든 것은 말씀을 통하여 생겨
났고 이 말씀 없이 생겨난 것은 하나도 없다."
(요한복음 1:1-3)

공空에서 물질(色)이 만들어지는 과정을 설명한 것이다. 카오스
(혼돈)에서 코스모스(질서)의 발원이다. 곧 무극無極이 태극太極이
된다. 기독교나 유교나 불교나 우리나라의 고신도古神道나 시작
의 근원은 모두 같다.

맨 처음 생명의 근원이요 일체의 시작점은 태극으로 상대계다.
공은 그 이전, 즉 '시작 없는 시작'으로 무극이다. 텅 비어 있는
우주와 의미가 다르다.

우주는 형이하학인 물질(色)이고 공空은 형이상학인 절대계다. 『반야심경』의 불생불멸不生不滅 불구부정不垢不淨 부증불감不增不滅의 6불의 절대계와 공의 의미가 동일하다.

허공은 무한한 것이다. 허공은 우리의 오관으로 감지해서 알 수 있는 것이 아니다. 석가부처가 6년의 고행으로 찾아낸 원래의 자리, 진여眞如다. 적멸寂滅이라 고요하고 고요한 원래의 자리다. 또 밝고 밝아서 우매하지 않고 요요하게 항상 머물러 비춘다.

> 시승詩僧 장사스님께 "허공이 있는 것입니까, 없는 것입니까?"라고 묻자, 스님이 대답하기를 "있다면 있고 없다면 없지요. 그러니 있다 해도, 없다 해도 모두가 엉터리지요."
>
> (『벽암록』36則)

🔵 선은 예불이 아니고 성불이 목적이다

석가 고타마가 일체종지一切種智의 깨달음을 얻고자 부다가야의 교외 보리수나무 아래서 선정에 들었을 때, 그가 우상숭배나 신을 모시고 존경하여 흠모하는 마음은 결코 아니었을 것이다.

"홀로 한가한 곳에 머물러 법法을 내관內觀하여 스스로 깨닫고 다른 신들에게 의지하지 않는다. 분별의 관觀을 버리고 위로 향하여 나아가서 여래如來의 경지로 들어간다. 이렇게 닦아가는 것을 성자의 모습이라고 한다."(『방등경』)

그러나 요즘 사람들은 지식의 고하를 막론하고, 또 승속을 불문하고 예불만이 신앙의 최고의 가치로 여긴다. 나아가 석가문의 제자임을 자랑한다. 이것은 석가부처도 모르는 일이며 또 해서는 안 되는 일임을 불전은 설파하고 있다.

"수보리야,
만약에 보살이 무아無我법에 통달한 사람이라면
그것은 참다운 보살이라 말할 것이다.
무릇 상相은 허망한 것이니라.
만약에 상이 상 아님을 보면
그것은 곧 여래如來를 보는 것이니라.
수보리야,
만약 아상我相 인상人相 중생상衆生相 수자상壽者相을
가려보고 있다고 한다면 그것은 곧 보살이 아니기 때문이다."
(『금강경』)

선은 진리파지眞理把持가 목적이다

불우한 이웃을 위한 사랑과 봉사도 중요하지만 그보다 진리를 놓지 않는 초발심이 먼저다. 일상의 삶보다 선의 실천에 수행의 가치를 둬야 함이다. 이것은 마치 지구가 자전과 공전을 함께 함과 같다. 자전이 일상의 일이라면 공전은 우주의 질서며 의무며 진리다.

진리란 하늘의 이치며 법法이다. 진리를 찾아가는 첫 번째 길은 자아를 미워해야 하고 현실을 부정해야 한다. 불전에 이르기를 우리의 삶을 몽환포영夢幻泡影이라 했다.
현상계는 꿈이요 허깨비요 물거품이요 그림자요 이슬이요 번개임을 먼저 인식해야 한다.

 선은 '내가 없음'이 목표다

"제행무상諸行無常 시생멸법是生滅法 생멸멸기生滅滅己 적멸위락寂滅爲樂", 나고 죽는 '내가 없는' 자리가 부처다. 그런데 나를 없애기 위해서는 먼저 나를 찾아야 한다. 지금 무엇을 하고, 어디에 있는가를 확인해야 한다.

내 몸뚱이를 위해 욕심을 내고 있지 않는가, 세상을 원망하고 있지 않는가, 화를 내고 있지 않는가, 혹은 어리석음에 빠져 세속의 향락에 빠져 있지 않는가? 등등, 탐진치의 노예에서 벗어나는 심리치료의 기법이 당장 필요하다.

먼저 작은 일에도 고마워하는 겸손, 범사에 고마워하라! 그리고 조건 없이 사랑하라! 모든 이해타산을 떠나, 엄마가 애기를 돌보듯 무조건적 사랑이 우리를 기쁘게 할 것이다.
다음은 모든 것들을 내 탓으로 돌리는 자기반성이다. 내 탓이요, 내 탓이요, 내 탓이다!
그리고 마지막, 긍정적인 사유다. 나는 할 수 있다! 나는 할 수 있다! 나는 할 수 있다!

쉽 호흡을 크게 하고 지금 다시 시작하자. 자기를 성찰한다는 것은 선수행의 기초를 확립하는 좋은 기회가 된다. 그러나 이곳에서 멈추면 자기최면일 따름이다.

자, 지금부터 정신통일이다! 다함께 침묵의 선을 실천하자! 기교나 비법은 필요 없다. 오직 무심에서 오는 선의 실천만이 최면의 환상에서 벗어날 수 있어 고급 수행자로 거듭날 수 있다.

선은 삼학으로 니르바나를 향한다

절대존재란 나지 않고 죽지 않는 영원한 존재를 말한다. 나서 죽고 있다가 없어지는 존재는 상대적 존재이다. 부처는 절대존재를 니르바나(열반)라고 했다. 열반涅槃은 니르바나의 음역이다.
진리를 체득하여 미혹과 집착을 끊고 일체의 속박에서 해탈한 최고의 경지인 열반은 도피안到彼岸, 도무극度無極, 사구경事究竟이라 의역할 수 있다.
그러나 열반을 환희지심의 법열法悅이나 죽음의 입적入寂으로 해석하는 경우가 허다한데 이것은 잘못된 것이다.

　가섭보살이 묻기를
　"세존이시여, 부처님 말씀과 같이 구경究竟이 곧 니르바나이오면 이런 니르바나는 어떻게 얻겠나이까?"
　부처가 대답하기를

"선남자야, 사람들이 열 가지 생각을 닦아 익히면

이 사람은 니르바나를 능히 얻으리라.

무엇을 열 가지라 하는가.

하나는 괴롭다는 생각이요,

둘은 모든 세간이 즐거울 것 없다는 생각이요,

셋은 죄가 많다는 생각이요,

넷은 사랑할 것이 없다는 생각이니라.

다섯은 오욕칠정을 다스리는 생각이요,

여섯은 사람은 죽는다는 생각이요,

일곱은 만물이 멸滅한다는 생각이요,

여덟은 모든 것을 여의려는 생각이요,

아홉은 무상無常하다는 생각이요,

열은 '내가 없음'이 곧 부처라는 생각이다.

선남자여, 사람들이 이 열 가지 생각을 닦으면

이 사람은 구경究竟에 니르바나를 얻어서

다른 이의 마음을 따르지 않고

스스로 능히 선한 것과 선하지 못한 것을 분별하려니

이것을 이름하여 진실하게 비구에 적합하며

또 일상의 우바이의 뜻에 적합하다 하느니라."

(『대반열반경』)

석가는 니르바나의 절대성에 대하여 이렇게 말하였다.

"선남자여,
니르바나 자체는 나는 것도 아니요, 나오는 것도 아니다.
진실한 것도 아니요, 빈 것도 아니다.
업을 지어서 생기는 것도 아니요,
인위人爲로 만들 수 있는 유위법有爲法이 아니요,
들을 것도 아니요, 볼 것도 아니요,
떨어지는 것도 아니요, 죽는 것도 아니며,
다른 모양도 아니며, 같은 모양도 아니요,
가는 것도 아니며, 돌아오는 것도 아니요,
과거도 현재도 미래도 아니며,
하나도 아니며 여럿도 아니요,
긴 것도 아니며 짧은 것도 아니며,
둥근 것도 아니며 모난 것도 아니며,
뾰족한 것도 비낀 것도 아니며,
있는 모양도 아니며 없는 모양도 아니요,
이름도 아니며 빛도 아니며,
인因도 아니며 과果도 아니며,
나와 나의 것도 아니니,

이런 이치로 니르바나는 항상恒常한 것이며,

영원히 변화하고 바뀌지 않는 것이지만은

한량없는 아승지겁 동안에 선한 법을 닦아 모아서

스스로 장엄한 뒤에야 보게 되느니라."

(『대반열반경』 고귀덕왕보살편)

지식과 지혜는 두뇌와 가슴의 차이다

지식(敎)이 두뇌의 기억에서 발생하는 현상계의 사건이라면, 지혜(禪)란 눈에 보이지 않는 초자연계의 상황임을 먼저 이해해야 한다. 석가가 깨달아 부처가 되었다고 하면 흔히 생각하기를, 뉴턴이 만유인력을 알아낸 것이나 아이슈타인이 상대성원리를 알아낸 것과 같은 것으로 혼돈할 수 있는데, 그들의 발견과는 길이 완전히 다르다.

뉴턴이 만유인력을 알기 전과 후, 또 아이슈타인이 상대성원리를 알기 전과 후에도 그들의 육신과 영혼의 관계는 마찬가지로 그대로다.

그러나 석가는 깨달음을 얻은 후에는 부처가 된다. 그 점이 다르다. 깨달음은 지혜와 통찰력으로, 존재의 근원, 법신法身의 등장이다. 법신은 '내 안의 참나'를 의미한다.

다시 말해 지혜는 두뇌의 기억에 예속된 경험과 선입견으로 만들어진 지식과는 다르다. 굳이 다른 말로 표현하자면 가슴으로 다가오는 통찰력이다. 깨달음이란 존재의 근원을 찾아 떠나는, 본성本性과의 만남이다.

한편 교학을 연구하는 이론가나 철학자에게는 대부분 '선禪'이 있을 따름이지 '선의 실천'은 없다. 그러나 '선'은 실천에서 얻어지는 선험이어야 한다.

이것은 마치 소설을 읽고 사랑의 경험을 하는 것과 연인을 찾아 직접 사랑의 체험을 나누는 것과 비교할 수 있다. 남의 얘기인 간접경험과 선의 체험을 통한 나의 직접경험은 죽은 조화와 산 생화만큼의 차이가 있다.

그렇다고 교학을 무시할 수는 없다. 왜냐하면 일반대중을 교화하는 데는 교학의 대중성과 현실성이 절실히 요구되기 때문이다. 그렇지만 교학의 종교적 이론은 지식을 동원하여 믿음을 강요한다. 이러한 믿음은 '종교의 암묵적 암시'로 변하여 세뇌를 유도할 수도 있다.

그러면 객관성과 이성적 사유보다는 주관적인 신앙의 늪에 빠질 수 있는 위험을 내포한다는 점이 문제다. 이것이 '선'의 앎보다 '선의 체험'을 요구하는 절대적 이유다.

 선은 논리보다 실천을 통하여 선지식을 만든다

『화엄경』에 선재동자가 53인의 선지식을 찾아가는 대목이 나온다. 선지식은 삼독의 탐진치를 극복하고 3학의 계정혜로 자신의 '참나眞我'를 찾은 사람이다.
선지先知라는 것은 자신을 위해서 사는 것이 아니다. 자신을 다스리지 못하는 사람은 남을 도와줄 수가 없다.
그런 연유로 선지식을 만나지 못하면 깨달음의 길은 요원하다.

참나가 법신法身이다. 법신은 순수 맑음이다. 맑음에서 법력이 나온다. 맑음의 시작은 몰아沒我다. 몰아는 정신통일에서 출발한다. 정신통일은 '내가 없음'이다. 몰아에서 무아로 진행되면 대자연과 하나가 된다. 그곳에서 존재의 근원, 위대한 실체를 만날 수 있다.

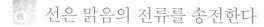 선은 맑음의 전류를 송전한다

태양은 46억 년 동안 핵융합을 일으켜 태양계를 운용하고 있다. 특히 지구의 모든 생명체는 태양 에너지가 생명이다. 이것을 응용한 인간의 지식이 핵융합이 아닌 핵분열의 핵발전소다.

핵분열을 이용한 폭발적인 에너지는 핵융합의 무공해적 요소를 갖추지 못하여 방사능공포를 선사하지만 그래도 천문학적인 에너지를 만들어 내고 있다.

선의 체험은 핵분열이 아닌 핵융합의 무공해적인 에너지까지도 뛰어넘어, 초자연적인 맑음의 에너지를 무한정 생산한다. 아무리 사용해도 그대로 있는 부증불감이다. 비유하면 발전소가 선이며 송전되는 전류가 맑음의 에너지, 법력이다.

선은 업장소멸을 주도한다

업장이란 무엇인가? 과거 생의 행적 중에서 주로 악행으로 만들어진 것으로 오늘 당장 갚아야 할 빚이다. 도대체 지난 생에 어떤 빚을 지고 나왔기에 인생이 이렇게 고달플까? 형체도 모르고 금액도 모르는 빚이 있다니 믿을 수가 없다.

그러나 형체도 없고 액면도 모르지만 정체불명의 그 존재는 분명히 존재한다. 내 육신의 세포 속에 이월된 카르마는 탐, 진, 치 삼독의 유전인자다. 이들이 오늘도 이기심에 불타 남을 시기하고 무시하고 오직 나만이 유일하고 귀한 존재라고 주장하고 있다. 성서에도 사람들이 육신의 악한 성정에 연유함을 예리하게 지적하고 있다.

> 예수께서는 다시 사람들을 불러 모으시고 이렇게 가르치셨다. "너희는 내 말을 새겨들어라. 무엇이든지 밖에서 몸 안으로 들어가는 것은 사람을 더럽히지 않는다. 더럽히는 것은 도리어 사람에게서 나오는 것이다."
> 예수께서 군중을 떠나 집에 들어 가셨을 때에 제자들이 그 비유의 뜻을 묻자 예수께서는 "너희는 이렇게 알아듣지를 못하느냐? 밖에서 몸 안으로 들어가는 것은 사람을 더럽히지 못한다." 하시며 "모두 뱃속에 들어갔다가 그대로 뒤로 나가지 않느냐? 그것들은 마음속으로 파고들지를 못한다." 하시며 모든 음식들은 다 깨끗하다고 하셨다.

그리고 다시 이렇게 말씀하셨다. "참으로 사람을 더럽히는 것은 사람에게서 나오는 것이다. 안에서 나오는 것은 곧 마음에서 나오는 것인데 음행, 도둑질, 살인, 간음, 탐욕, 악의, 사기, 방탕, 시기, 중상, 교만, 어리석음 같은 여러 가지 악한 생각들이다. 이런 악한 것들은 모두 안에서 나와 사람을 더럽힌다."

(마르코 7:14-7:23)

육신 속의 더러움은 어제, 오늘이 아닌 지난 삶의 찌꺼기인 카르마다. 기도를 통하여 본능은 억제할 수 있고 인성은 순화할 수 있지만 그 뿌리인 카르마를 녹일 수는 없다.
오직 길이 있다면 선禪의 실천만이 가능하다. 그 까닭이 무엇일까? 카르마는 지난 생에 얼룩져 각인된 초자연적 에너지다. 그런 탓에 맑음의 순수에너지인 관세음보살과 가브리엘 천사만이 초자연적 에너지를 녹일 수 있다. 초자연적 에너지는 오직 그들만이 만들고 녹일 수 있기 때문이다.

생각을 만들어 목적을 두고 기도하거나 지향을 두면 심리치료적인 안도감 외에는 얻을 것이 없다. 그럼 어떻게 기도해야 옳을까? 오로지 '구하지 않고 의지하지 않고 상을 짓지 않는' 무심의 기도(禪)만이 맑음의 에너지로 가득찬 관세음보살과 가브리엘 천사와 조우할 수 있다.

의식이 관여하지 않는, 생각이 없는 침묵의 정진만이 무한의 맑음을 만들 수 있어 결과를 얻을 수 있을 것이다.

선은 고통과 법희선열을 동반한다

"근심과 걱정에서 정신이 살아나고(生於憂患)
편안과 즐거움에서 그 정신이 죽는다(死於安樂)."

"그러므로 하늘에서 앞으로 이 사람에게 큰일을 맡기실제
먼저 반드시 그 맘의 뜻을 괴롭게 하고
그 살과 뼈를 힘들게 하고
그 몸과 살갗을 굶주리게 하고
그 몸이 빈털터리가 되게 하고
그가 하는 것마다 뒤틀리게 하여
그 맘을 뒤흔들어 그 성품을 인내하도록 하는 까닭은
그가 못하는 것을 더 잘하게 하려 함이니라."

(『맹자』 고자하편)

톨스토이는 사람에게 고통이 없으면 사람의 삶이 바로 이루어지지 않는다고 말하였다.

"동물로서 사람의 생활은 끊임없는 고통의 연속이다. 동물로서 사람의 전 활동은 오직 고통으로 말미암아 환기된다. 고통은 그 고통감을 제거하고 쾌락감을 산출하는 활동을 환기하는 하나의 괴로운 감각이다.
따라서 동물로서의 인생은 고통으로 해서 손상되지 않을 뿐더러 주로 고통을 통해서 완성된다. 그렇기 때문에 고통은 인생을 움직이게 하는 본체이며 따라서 없어서는 아니 될 필요한 것이다.
이렇게 되고 보면 고통은 왜 무엇 때문에 존재하는가? 라고 묻는다면 그 삶은 도대체 무엇을 묻고 있는 것인지 모를 일이다."(톨스토이, 『인생론』)

선은 믿음을 요구하지 않는다

종교는 믿음이 우선이다. 아무리 좋은 경전의 말씀이라도 믿음을 가지지 못하면 아무 쓸모가 없다. 그래서 믿음의 종교가 되어야 한다.

오늘날 고등종교는 기도나 예불을 중시하다 못해 하느님의 은총과 부처의 가피를 내세우고 있다. 물론 전례적인 것을 무시해도 좋다는 뜻은 아니다. 상징적 의식은 내면의 도덕성을 더 깊은 차원에서 현실화시킬 수 있다.

하지만 성불보다는 예불에 신앙의 가치를 두다 보니 기복으로 흘러가는 것 또한 사실이다. 그러나 선은 '종교의 믿음'이 굳이 필요 없다.

오직 정신통일뿐이다. 그러면 수행의 경지가 높아져 계제가 바뀔 때마다 '종교의 믿음'보다 확실한 정황증거가 나타나 길(道)을 재촉하게 된다.

그들은 감성적이지 않고 이성적이며 추상적이지 않고 구체적이며 주관적이지 않고 객관적이며 머뭇거리지 않고 활동성을 내포하고 있는 성성적적이다.

석가부처는 '자등명自燈明 법등명法燈明'으로 스승을 삼으라 했다. 달마대사는 '묘한 작용(妙用)'을 법문으로 남겼다. 불전의 현학적인 법문들 그 틈새에 한의학의 경혈이론이 묘용을 대신하면서 '종교의 믿음'을 대체한다.

종교가 앞으로 계속 살아남으려 한다면, 그리고 수행이 현재의 위기를 극복하고 지혜의 차원을 화복하려 한다면, '구하지 말고 의지하지 말며 상을 짓지 않는' 수행의 엘리트 집단을 반드시 양성시켜야 한다.

선은 주술적 요소를 배척한다

기도나 염불, 진언은 믿음을 공고히 하는 촉매역할을 톡톡히 한다. 그중 진언(만트라)은 신비의 주문으로 영통靈通과 신통神通을 연결한다고 주장한다. 아무튼 웃기는 발상이다. 그렇다면 만트라는 어떻게 생성되었는가?

『천수경』의 '수리수리 마하수리 수수리 사바하'는 '닦고 닦아 아주 닦아 깨끗해져 참(眞理)에 이르리'로 옮길 수 있다. 또 『반야심경』의 '아제 아제 바라아제 바라승아제 모지 사바하'는 '가세 가세 저 언덕을 건너가세 모두 가서 도를 이루세'로 옮길 수 있다.

인도는 석가부처가 태어난 BC. 560경에 이미 브라만교가 1천 년

이상 이어오고 있었다. 베다, 범서(梵書, 우파니샤드를 경전으로 하는 브라만교는 아트만(개인의 중심생명)과 브라흐마(우주의 중심생명)는 본질상 하나라고 하였다. 따라서 아트만을 깨달으면 브라흐마를 얻어 사람이 우주 생명에 참여할 수 있다는 진리를 갖고 있었다. 이 브라만교 문화를 이룬 것이 아리안 족이다.

지금으로부터 3천5백년 전인 BC. 15세기에서 12세기 사이에 코카서스 북쪽을 원주지로 한 아리안족의 일부가 흰두쿠시 산맥을 넘어 인도로 들어와서 인더스강 상류 편잡지방에 정착하여 독자적인 문화를 이루었던 것이다. 산스크리트어도 그들의 언어다.

한편 아리안 족이 인도에 들어오기 전에 먼저 살던 민족이 있었다. 이들도 독자적인 문화를 가지고 있었는데 이 가운데 인더스 문명이 그 대표적인 문명이다.
이들이 현재 남인도에 살고 있는 드라비다인의 조상이다. 이들의 가족제도는 모계제도였으며 짐승, 나무, 새, 여신, 생식기 등을 숭배하였다.
이들은 주술에 특별한 관심을 가지고 있었다. 이들의 주술이 아리안 족이 이룬 베다경에 영향을 끼쳐 베다경에도 만트라(眞言)가 자리 잡게 되었다.

석가부처는 진언의 만트라를 쓰지 않았다. 주술적 행위는 신비를 부추기고 신통과 연결됨을 간파하고 배척하면서 신통은 도道가 아님을 누누이 강조한다. 부처의 제자들 가운데도 부처가 초능력과 신통을 배격하는 것에 대하여 불평하며 부처를 떠난 사람도 여럿 있었다.

수낙카타도 그 가운데 한 사람이었다. 수낙카타는 부처에게 신통을 보여 달라고 하였다. 부처가 신통력을 배격하는데 보여 줄 리가 없었다. 그러자 수낙카타는 떠나갔다. 부처는 떠나가는 수낙카타에게 이렇게 말하였다.

> "나의 가르침은 바르고 없는 경계에 들어가도록 하는 데 있다.
> 신통을 보여주고 안 보여주고가 바른 진리와 무슨 상관이 있
> 는가? 이제 네가 맑은 수행을 버리고 물러가면 사람들은 네가
> 청정행을 견디지 못하고 물러갔다고 할 것이다."(『장아함경』)

부처가 떠난 지 5백년쯤에는 불교가 아주 정체되어 생명력을 잃다시피 하였다. 이때에 새로운 불성운동이 일어났다. 새로운 불교개혁운동이 대승불교다.

대승불교는 기존 종교들을 배척하기보다는 감싸는데 힘을 실으면서 만트라에 영향을 받기 시작했다.

『법화경』 등에는 만트라(만다라)가 많이 실려 있다. 밀교에는 만트라가 더욱 성행하였다. 누가 뭐라고 해도 만트라의 성행은 불교의 대중화, 세속화라고 아니할 수 없다. 주술신앙으로 되돌아가는 퇴화현상임에 틀림없다.

주관적 사유는 최면적인 요소가 있다

정신수양이 필요한 이유는 공감하지만 그것을 어떻게 행해야 하는가는 또 다른 문제다. 고등종교가 인류를 위해 헌신하는 바 모르는 것 아니지만 종교마다 각기 특색이 있고 주장하는 바가 달라 혼란스럽다. 그리고 종교와 정신수양은 또 다른 것인가? 더구나 관음수행은 비종교적인가?

결론은 그렇지 않다. 관음수행의 정보는 『능엄경』과 『법화경』에 기록을 남기고 있고, 또한 '성경의 말씀'도 그것이다. 하지만 오늘날 종교지도자들은 제도권의 수행에 신앙의 가치를 높이 둔 까닭에 기존의 수행법에 새롭게 도전하는 것은 무모하다고 생각한다.

그 한 예가 2005년 12월 선禪의 메카인 실상사에서 있었던 "왜 간화선(화두법)이어야 하는가?"라는 선승들의 미공개 격론이었다. 이러한 경우를 보면 종교와 수행은 같으면서도 다르다. 그래서 우리는 종교의 맹목적 믿음에서 한 발 나와 분석하고자 한다.

종교는 신심이 우선이다. 하지만 믿음은 '구하고 의지하는 상'으로 변질되어 '암묵적 암시'로 변할 수 있음도 계산에 넣어야 한다. 종교를 비방하자는 것이 아니라 정신수양의 가치를 논하고 있음이다. 다시 암시의 중요성을 거론해보자. 암시는 최면의 선결 요건이다. 잠이 온다고 암시를 걸면 눈꺼풀이 무거워지고, 손안에 뜨거운 불이 있다고 반복해서 주입하면 어느덧 뜨거움이 느껴진다.

이처럼 암시는 최면술의 핵심이다. 터무니없는 암시도 반복해서 들으면 세뇌가 될 수 있다는 사실에 우리는 놀라움을 금할 수 없다. 하물며 종교가 가진 교훈적이고 신비한 교의敎義는 두뇌에게 믿음을 배가시킨다. 오랜 전통과 관습으로 내려오는 교리는 무의식중에 암시로 각인되고 본인도 모르게 두뇌를 세뇌할 수 있다.

헤겔의 변증법이 높이 보이는 까닭은 암시가 아닌 '왜?'라는 부정적 의문이 항시 따라다니기 때문이다. 곧 하나의 주장인 정正에 모순되는 반反이, 더 높은 종합적인 주장인 합合에 통합되는 과정이 항시 전개된다. 이것이 현대과학을 이끈 원동력이다.

종교적 체험이나 개인적인 신비체험 등의 설명 자체가 과학적이어야 하는 까닭은 그들이 최면적 환상일 수도 있기 때문이다. 세뇌란 멀리 있는 것이 아니다.
우리가 알고 있는 보편적 지식도 세뇌의 일부분에 포함되었을 가능성이 있다. 굳이 최면이 아니라도 학교나 사회에서 익힌 지식은 곧 선입견으로 각인되면서 주관적 견해로 정착한다.

특히 종교적 교리일 때는 거부할 수 없는 암시가 되면서 믿음의 교리로 거듭난다. 종교의 교리는 영육靈肉간의 삶의 지침서이다. 따라서 교리를 앞세워 믿음을 강조한다. 그리고 영혼의 세계는 과학으로 풀 수 없는 미지의 세계로 간주하고 자기 스스로 타협하면서 하느님의 은총을, 부처의 가피를 도모하고 있다.

그렇다면 과학은 이러한 사실들을 외면해도 되는 걸까? 과학적 지식과 철학적 이론은 정신을 바꾸기보다는 정신의 기능방식을 알고자 하는 데 중점을 두고 있다.

물론 명상에 대한 전문 과학자들은 수도자와 명상자들로부터 경험적인 사례를 과학적으로 수집, 분석하여 그 결과를 과학지에 발표하고 있다.

그러나 관음수행은 정신의 궁극적인 본성을 아는 것에 덧붙여 스스로 정신의 기능을 개조하는 방법을 추가하고 있다. 하지만 이것은 인위가 아닌 무위로 진행된다는 점이 특별하다.

그리고 그 과정은 수식관 호흡을 필두로 백회의 개혈, 관음법문, 이근원통으로 진행된다. 결코 추상적이거나 주관적이지 않고, 구체적이고 객관적이며 활동적이다.

가장 보편적이며 이성적인 수행법의 존재 자체만으로도 우리는 과감히 실천하지 않을 수 없다. 맨 먼저 수식관 호흡이다. 자기중심적 견해나 선입견에서 벗어날 수 있는 가장 원초적인 방법이 수식관 호흡이다.

그리고 또 하나, '종교의 암묵적 암시'의 탈출을 원하고자 한다면 '구하지 말고 의지하지 말며 상을 짓지 않는' 무주無主와 무착無着 그리고 무심無心이 여러분을 도울 것이다.

🔵 선은 수식관 호흡을 동경한다

『안반수의경』의 수식관 호흡은 생각의 분진에서 여름 낮 고추 잠자리가 비행하듯 흩어지는 내 마음을 사로잡아 입정入定을 돕는다.

의자에 기대거나 편하게 누운 자세(臥禪)에서 숫자와 호흡에 집중함으로써 '내가 없음'의 기초를 다지게 된다. 초기의 수행 자세는 이렇게 간단하게 이루어진다. 누구나 3-4개월의 수식관 호흡으로 건강도 챙기고 수행자의 대열에 합류할 수 있다.

나(我相)를 비울 수 있는 행위는 육근(六根; 안이비설신의)의 발동을 중지시키는 집중이 왕도다. 집중함으로써 '내가 없음'이 나타나고, '내가 없음'으로써 정신통일이 된다.

정신통일은 대자연의 순수청정과 연결된다. 그리고 청정은 경혈의 열림과 막힘을 감지하게 된다. 경혈의 열림은 기의 자력감으로, 경혈의 막힘은 가슴의 답답함으로 나타나 서로 교차하면서 '묘한 작용과 촉감'을 선사한다.

수식관 호흡으로 시작된 정신통일은 '내가 없음'이 뿌리 내릴 때

대자연과 교감하면서 영혼의 신경세포인 경혈을 잠 깨운다. 경혈의 열림은 온몸에 왕성한 기운의 파장을 만들어 묘용妙用과 묘촉妙觸을 유발하면서 선정禪定을 이끈다.

묘용과 묘촉은 적적하면서도 성성하다. 다시 말해 구체적이며 활동적이고 조용하면서도 조용하지 않다.

몸의 이곳저곳에서 뜨거운 물줄기가 지나가는 듯 온몸을 감싸는 에너지의 느낌이 나타났다가 사라지기도 한다. 오랜 정진의 시간 후 두정의 압박감이 시원함으로 변하고 혹은 가슴의 답답함이 출몰하면서 경혈의 열림과 막힘이 뚜렷이 표출되기도 한다.

뜨거움과 시원함 그리고 답답함이 묘한 작용으로 교차하던 어느 날, 수식관의 집중에서 일어나 '의식이 있는 것도 아니며 있지 않는 것도 아닌' 관觀의 완성 행렬에 동승하게 된다.

묘용과 묘촉은 정수리의 백회혈을 개혈하고 마침내 맑음의 전령사인 하늘의 소리, 관음觀音을 유치하면서 업장소멸을 주도한다.

이어서 두뇌의 고급혈인 이마 중앙에 위치한 천목혈(인당혈)은 관음의 조우로 소리와 빛으로 무장한 수승한 맑음을 창조한다.

이윽고 뒷머리 옥침혈로 이어진 이근원통의 터널을 완성시킨다.

이근원통은 무상정등정각의 마지막 시스템이다.

선은 마음을 동행한다

마음은 본래 있지 않는 것으로 설정되어 공空이라 한다. 허나 자성自性은 이미 만들어져 있는 완성품이다. 비어 있으면서도 맑음으로 가득 채워진 위대한 실체다. '색즉시공이요 공즉시색이다.'

그러면 자성은 과연 만날 수 있는 것인가? 아니면 이론상으로만 존재하는 희망사항일 뿐인가? 만날 수 있다면 대체 어떠한 현상이 나타나는 것일까? 우리는 의문에 빠지지 않을 수가 없다.

흔히 마음을 법신法身이라고도 설명하지만 우리는 여기서 법신을 다르게 설명하고 싶다. 말을 바꾸면 법신은 영혼의 점수다. 이것은 대학 진학에 필요한 수능점수와 같다.
자성이 이미 만들어진 완성품이라면 법신은 마음공부를 통하여 발전해 가는 영혼의 맑음이다. 육신 속에 영혼이 있고 영혼의 맑음이 법신이다. 청정법신 비로자나불은 영육靈肉 자체가 완전한 법신으로 변한 모습이다.

자성을 만나는 것이 견성見性이다. 하지만 자성을 가로막고 있는 단단하고 질긴 오물찌꺼기인 지난 생의 업장이 있다. 그런 연유로 견성을 하기 위해서는 업장소멸이 우선이다.

업業을 녹이기 위해서는 맑음의 법력 외에는 해결책이 없다. 그 맑음을 구사하는 근원이 최초의 법신이다.

생각을 작게 또 작게 하여 맑음의 에너지, 법신이 만들어지면 드디어 고급 수행자의 대열에 합류하게 된다.

고급 수행자는 무심의 정신통일을 이룬 수행자다. 그러나 여기가 끝이 아니다. 이제부터 마음공부의 시작이다. 유위有爲에서 무위無爲의 탈출이 보림이다. 보림은 힘을 기르는 것이 아니라 모든 것을 놓는 것이다.

선은 보림을 주관한다

견성한 이후에 닦는 것을 보림保任한다고 한다. '보기천진保其天眞 임기자재任其自在', 그 천진함을 보전하고 그 자재함을 따른다는 뜻이다.

인간의 모든 감정을 끊어버리는 일이 아니라 더 이상 감정의 노리개가 되지 않고 역경에 흔들리거나 혹은 성공에 도취되지 않는 광활하고 평온한 의식을 획득하는 일이다. 다시 말해 인간적 감정을 포기하는 것이 아니라 초월하자는 의미다.

> 푸르고 푸른 것이 하느님이 아니시며
> 까맣고 까만 것이 하느님이 아니시며
> 형체도 없고 물질도 없으시고
> 가장자리도 없으시고 위아래 사방도 없으시며
> 텅텅 비고 비어 아니 계신 곳이 없고
> 못 받아 드릴 것이 없느니라.
>
> (『삼일신고』 천훈편)

> "대저 도道란 그 낌새도 있고 자취도 있으나 함도 없고 형체도 없다.
> 들려 줄 수는 있어도 받을 수는 없고 깨달을 수는 있어도 볼 수는 없다."
>
> (『장자』 대종사편)

선은 집착을 초월한다

구도求道는 목적이 없다. 하지만 목적이 없다는 것도 말이 안 된다. 다만 깨달음이라는 목표가 있을 따름이지 목적이 되면 안 된다는 말이다. 깨달음이라는 상相이 만들어지면 진정한 깨달음이 아니란 뜻이다.

그럼 정리하는 의미에서 다시 돌아가자. 깨달음을 얻기 위해서는 어떻게 해야 하는가? 나라는 의식, 에고를 쉬게 하면 된다. '죽고 사는 나를 없애면 그 자리가 부처의 자리'라고 하지 않던가!

나를 없애기 위해서는 정신통일이 앞장선다. 그리고 수행에 오류가 생기는 것은 정신통일을 하는 방법론에 문제가 있기 때문이며, 정신통일이 힘든 까닭은 생각이 의식을 혼자 버려두지 않기 때문이다. 그래서 방편이 등장한다.

그러나 불전은 모든 방편을 버려야 함을 강조한다. '뗏목을 타고 강을 건넜으면 뗏목은 버려라', '진리의 말도 버려야함에 하물며 사법邪法이랴!'며 톤을 높인다. 하지만 머리로는 이해가 되지만 뭐가 뭔지 알 수가 없다.

『벽암록』은 중국 선종禪宗의 교재라 할 수 있는 중요한 불서다. 헤르만 헷세도 읽고 감탄해 마지않았다. 『벽암록』은 중현重顯과 원오圓悟에 의해 이루어졌다.

그런데 원오의 제자 대혜大慧가 불태워버렸다. 승려들이 스스로 깨달음을 체득하려고 하지 않고 『벽암록』만 암기하였기 때문이다. 그러나 뒤에 장명원張明遠이 중간하였다.

사교입선捨敎入禪이라고 하지만 교敎의 중요성은 결코 무시할 수 없다. 교를 버린다는 말은 초심자에게는 해당되지 않는다.

'천리도 한 걸음부터'라는 속담처럼 도를 이해해야만이 초발심의 대열에 합류할 수 있다. 담장 너머로 소뿔이 보이면 소가 지나가는 줄 알아야 하고, 굴뚝에 연기가 피면 밥 짓는 줄은 당연히 알아야 한다.

그러나 형식과 이론에 매이면 견해가 되고 선입견이 된다. 전도몽상이란 주객이 바뀜을 말한다. 목적보다는 수단이 앞서면 일을 그르친다.

이 세상은 밝음이 있으면 그 반대쪽에는 항시 어둠이 존재한다. 오직 길이 있다면 '응무소주應無所主 이생기심而生其心, 응당 머무름이 없이 내는 마음'이다. 그리고 또 하나 더!

'구하지 말고 의지하지 말며 상을 짓지 않는' 마음만이 악마의 유혹에서 벗어날 수 있다. '악마의 눈을 피해, 악마의 눈을 멀게 하고, 악마의 눈에 보이지 않는 경지'에 도달할 때 비로소 마귀의 장애를 벗어나 완성을 향해 나갈 수 있다.

"거룩한 스승이시여!
세간의 향락과 연민을 버리고
집착을 끊어 괴로움이나 즐거움에 흔들리는 일 없이
거센 흐름을 건너 이미 해탈한 현명한 당신께 원합니다.
당신의 말씀을 듣고자 많은 사람들이
여러 지방에서 모여 들었습니다.
당신의 말씀을 듣고 나서야 사람들은
비로소 이곳에서 물러날 것입니다.
당신께서는 진리를 있는 그대로 알고 계십니다."

거룩한 스승은 대답하였다.

"바드라우다여,
상하, 좌우, 중간 어느 곳에서나 집착을 없애라.
세상에 있는 어느 것에라도 집착하면

그것 때문에 반드시 악마가 따라다니게 된다.

그렇기 때문에 수행자는 이것을 바로 알고 명심해서

세상에 있는 어느 것이라도 집착해서는 안 된다."

(『숫타니 파타』 중에서)

7.

관음수행법

깨달음은 실존하는 모든 실체 안에 있는 존재에 대한 통찰이다.

教外別傳 경전 너머의 특별한 전통으로,

不立文字 말과 문자에 의존도 없이,

直指人心 인간의 영혼을 직접적으로 지적하여,

見性成佛 인간의 본성을 꿰뚫어보아 불성을 얻는다.

달마께서 지적한 선의 통찰력은 '마음' 또는 '진면목'을 직접 깨닫
는 데 있다. 이 직관은 모든 개념적인 매체나 방법들을 배척한다.

다시 말해 어떤 기법이나 비법을 부정한다. 그리하여 '빈 마음'을 가짐으로써 본마음에 도달하게 된다. 그것은 마음을 가지는 것이 아니라 마음 자체가 됨으로서 가능한 것이다.

◎ 관음수행

관세음보살이 증득하고 가르친 관음수행은 '하늘의 소리'를 만나는 것에서 시작한다. 달마께서 말씀하신 묘한 작용의 대미가 하늘의 소리, 관음觀音이다.
묘한 작용은 맑음으로 나아가는 신호다. 영혼의 맑음은 대자연과의 교감에서 시작하여 동화로 이어진다.
이때 두뇌의 고급경혈인 백회는 하늘과 통하는 통천문의 역할로 자처하며 맑음의 저편, 하늘의 소리, 관음으로 연결된다.

하늘의 소리(觀音)는 초자연계의 순수에너지로서 천상의 음악으로도 표현된다. 순수에너지가 의인화된 존재로, 기독교의 가브리엘 천사이며 불교의 관세음보살이기도 하다. 또 선도仙道의 마고할미다.

'하늘의 소리'는 성서의 Word(말씀), 『수능엄경』의 관음법문, 요가 대수행자의 마지막 수행처, 그리고 선가에서 구전으로 전해온 상단전의 비밀이기도 하다.

이 소리는 모든 생명의 내면에 은둔하고 있으며 육체의 건강은 물론 영혼의 오염까지도 씻어 낼 수가 있다.

관음과의 조우는 순수 맑음을 극대화하면서 존재의 근원, 본성에 둘러싸인 지난 생의 찌꺼기인 카르마를 녹일 수 있는 법력을 나타낸다.

수식관 호흡

『안반수의경』은 부처님이 깨달음을 얻은 경전으로 그 핵심은 수식관 호흡이다. 정신통일의 최대 난적은 생각이다. 집중에 몰입하면 왜 그렇게 많은 생각이 떠오르는지?……

허나 육신을 가진 이상에는 누구나 생각의 너울에 빠지기 쉽다. 잡념과 번뇌망상은 집중의 방해꾼으로서 이를 극복하는 것이 최대의 관건이다.

수식관 호흡은 여름 낮 허공을 가로지르는 고추잠자리의 어지러운 날갯짓처럼, 떠오르는 생각 그 자체를 쫓아내거나 지우는 것이 아니라 부채를 들어 살살 바람을 일으키듯 숫자와 호흡을 마냥 따라가는 것이다. 숫자와 호흡을 지키다보면 또 생각이 꼬리를 물고 다른 상념의 세계에 빠지게 된다.

그러면 다시 생각을 다잡고 집중을 유도한다. '하나- 하면서 숨을 들이쉬고, 하나- 하면서 숨을 내 뱉는다.' 편안하게 의자에 앉아 머리를 기대거나 누워서 하는 와선臥禪은 아랫배의 불룩함과 홀쭉함을 숫자와 함께 반복하기가 가장 쉽다.
숫자를 셈하지 않으면 집중이 떨어져 불룩과 홀쭉이 매너리즘에 빠지게 된다. 열중해도 생각이 가끔씩 방해를 하지만 어느덧 단전호흡은 자연스럽게 자리를 잡는다.

누운 자세의 복식호흡은 하복근의 근육을 발달시켜, 잠들기 전의 30-40분의 수식관으로 단전丹田을 개발할 수 있다.
단전호흡은 수행시 일어날 수 있는 상기병과 주화입마를 다스려 녹일 수 있는 용광로의 역할을 한다. 아랫배 호흡은 하복부의 기분 좋은 팽만감과 함께 따뜻함이 서서히 나타난다.

그러나 여기서 주의할 점이 있다. 흔히들 '염염불망 의수단전'이라 해서 일상에서도 단전의 관觀을 강조한다. 하지만 단전이란 없는 것이다.

'도가도道可道 비상도非常道, 명가명名可名 비상명非常名', 그 이름이 단전일 따름이다. 의식의 동원은 자기최면의 결과를 가져올 수 있다.

그래서 '단전의 상相'을 만드는 행위는 결단코 금해야 할 일이다.

그렇다면 단지 아랫배(下腹)를 관하자는 말인가? 그게 아니라 어떠한 상相도 만들면 안 된다는 것이다. 정신통일이란 의식의 행위가 없어진 무심의 상태다. 종국에는 숫자조차도 놓아야 함은 '숫자의 상'도 은연중 경계해야 하기 때문이다.

하나를 세면 다음에 둘이 떠오르고, 둘 다음에 셋이 떠오르는 잠재의식 속의 생각조차 쉬게 해야 한다. 그런 연유로 들이마실 때는 한- 뱉을 때는 아-. 흡吸에는 두- 토吐에는 울-, 흡에는 세 토에는 엣으로 숫자의 모음을 따라가는 것을 원칙하다 보면 어느 날 저절로 묘한 작용이 나타나 수식관을 놓게 된다.

염불이나 기도는 지향과 목적을 두고 있는 유위법이다. 불교의 관음정근이나 가톨릭의 화살기도가 신앙의 정진을 높여줄 수는 있다.

하지만 상징적 언어는 우리의 의식을 한정된 칸에 만들어 가두면서 '구하고 의지하며 상을 만드는 행위'를 부추긴다.

또 자기최면식 수행기법은 최면술의 범주를 벗어나지 못해 환각의 정신통일이 실재라고 착각할 수 있다.

한편 수식관은 의식의 장에서 빠져나올 수 있는 기회를 엿볼 수 있다. 수행의 초기에는 의식이 주관하는 수식관 호흡이 필요하지만 정진의 시간이 지속되면 존재의 근원, 위대한 실체는 우주의 속삭임이 되어 그 신호가 몸의 여기저기에서 들리는 듯 느껴지면서 묘용妙用이 자리 잡는다.

그 첫 번째가 기감氣感으로 손바닥에 전자기장의 파장이 생긴다.
자력감에서 시작된 느낌은 따뜻함으로 진행되면서 입정에 들면 항시 묘한 작용과 촉감이 삼매를 유도한다.

숫자와 호흡은 집중의 강도를 높이고 묘촉을 동반하면서 묘한 작용의 전과 후를 감지하기도 한다.

육신의 이곳저곳에서의 묘한 작용은 막힌 경혈을 뚫어내기도 하고 기능이 저하된 장기를 치료하기도 하면서 육신의 컨디션을 최대로 끌고 간다.

묘용은 느낌이나 관념으로 끝나지 않고 활기와 맑음으로 변하여 기상시 언제나 가벼운 몸놀림이 하루를 즐겁게 한다.

이윽고 집중의 대상이 수식관에서 묘촉과 묘용으로 바뀔 때 인체의 임·독맥 주천은 완성단계에 접어들며, 드디어 두정頭頂의 백회혈에 묘한 작용이 시작된다.

백회百會는 백맥이 집결되는 경혈로 초자연계와 연결되는 신비스러운 하늘의 문天門이다.

두정의 압박감은 어느 날 묵직한 둔통으로 변하고, 가끔씩 송곳으로 파고드는 듯하다가 마침내 머리 전체에 시원한 상쾌함이 상주한다. 백회의 개혈이다.

그렇다면 정신통일이 되었음을 어떻게 증명할 것인가? 입정에 들어 수식관에 몰입하면 처음에는 숫자를 용케 잘 따라가지만 잠시 후엔 생각이 없는 듯, 잠속에 빠진 듯 시간이 흘러간다.

그렇다면 그 상태가 정신통일이며 삼매인가? 한 마디로 그렇지 않다. 그것은 무기無記에 가까운 혼침에 불과하다.

물론 삼매의 시작은 잠과 동시에 나타나다가 나중에는 분리가 되는 것 또한 사실이다. 그래서 수행 중 잠이 올 때 잠을 내쫓지 말고 즐기라는 표현을 사용한다.

하지만 정진의 시간이 지나 진정한 정신통일이 되면 온몸에 묘한 작용과 촉감이 나타난다.

묘용妙用과 묘촉妙觸이다. 그렇다면 제도권에서 지금껏 묘용과 묘촉을 설명하지 못한 까닭은 무엇일까? 물론 선승들이 묘용을 모른다면 말이 되지 않는다. 하지만 묘용을 상징적으로만 이해하고 도외시함으로서 묘용이 '초감각에서 일어나는 어떤 현상'이라는 것에 대해서는 부정적으로 인식한다. 그 이유는 경험하지 못한 탓이기도 하다.

본회를 방문한 선승들 중 유독 성철스님을 싫어하시는 노스님 한 분이 생각난다. 무슨 개인감정이 있어서가 아니고, 선승들은 누구나 안거에 들면 장좌불와며 일종식을 하는데 이것을 군이 밝히지 않은 것에 대한 불만이었다. 따라서 묘용에 대한 저자와의 마찰도 심각했다.

초조 달마대사께서 말한 묘용을 부정하는 것이 아니라 상징적 용어를 현실적으로 받아들이는 우매함(?)이 그저 안쓰럽다는 표정이다.

그러나 '종교의 암묵적 암시'만 쉽게 할 수 있다면 누구나 불과 한두 달 정도에 경험할 수 있다는 말에 긴가민가하였다. 그 이후 묘용을 체험하고는 멋쩍어하던 스님의 표정이 눈에 선하다.

삼매는 깨달음으로 가는 이정표다. 삼매가 지혜를 선사한다면 묘용과 묘촉은 삼매에 앞서 일어나는 전조현상으로 좀 더 구체적이고 객관적인 표현이 된다.
묘한 촉감은 처음에는 생명력의 전류인 기의 느낌으로 손바닥에 나타나거나 혹은 가슴에 멍울진 답답함으로 전해진다. 시작은 기운의 느낌, 에너지의 감각으로 출발한다.

하지만 매번, 매시간 나타나는 항하의 모래알 수만큼의 묘용은 맑음을 창출하며, 또 그들과 비례해서 행하는 업장소멸의 상관관계는 완성에 대한 기대감으로 부풀어 오른다.

수행의 과정이 마음법을 우선하다 보니 모든 것이 추상적이고 주관적인 표현으로 점철되어 있다. 그런 연유로 조사의 의발로 증표를 삼거나 스승의 인가를 방어막으로 삼는다.
이것은 남에게 보여주기 위함이겠지만 견성득도를 이룬 이가 할 행동은 아니다. 깨달음은 곧 순수 맑음인데 묘용을 모르고 대각

大覺을 논하는 것은 좀체 이해가 되지 않는 부분이다.

묘한 작용

> "묘한 작용(妙用)이 항하 모래 수처럼 많을 것이다."
> (『달마어록』)

달마께서 설한 묘한 작용이란 무엇을 말하는가? 그것은 분명하게 제시되고 말로 표현할 수 있는, 명확히 정의될 수 있는 성격의 것이 아니다.
묘용은 확실한 초감각적인 느낌이 있는데, 스스로 묘용을 얻은 자에 한에서만 공유할 수 있다. 그렇기 때문에 단순히 정적무위나 생각을 억제함으로써 느낄 수 있는 것은 아니다.

오직 '구하지 않고 의지하지 않고 상을 짓지 않는' 초발심의 정진만이 가질 수 있는 대자연의 속삭임이다. '항하의 모래 수만큼'이란 초발심에서 완성에 이르기까지 순간순간, 마디마디 묘한 작용이 언제나 길을 인도하고 있다는 의미다.

처음에는 에너지로, 다음에는 두뇌의 고급경혈(백회와 천목혈)을 개혈하는 의미로, 그 중심에는 관음의 순수에너지로, 그리고 마지막에는 카르마의 소멸 과정이 '항하의 모래 수만큼' 이루어짐을 함축하고 있다.

묘용은 육체와 영혼 그리고 시공간을 초월하는 존재의 완전히 깨어 있는 초의식적 행위이다. 굳이 다른 표현을 쓰자면 그것은 맑음의 표식인 '영적 순수행위'라 할 수 있다.
그러한 행위가 저절로 일어난다는 것은 곧 불성의 작용으로 머지 않아 깨달음을 얻을 수 있는 과정이 됨을 의미한다.

자칫 기수련가들이 기氣라는 표현으로 묘용을 혼돈할 수 있겠지만 그것은 잘못된 경험이다. 기수련가가 의식을 통한 인위의 작용이라면, 묘용은 의식이 전혀 관여하지 않은 무위의 '함이 없는 함'이다.

기수련가들이 평생을 연마해도 달성하지 못하는 백회의 개혈이 불과 백일 미만에 가능한 것은 기가 아닌 맑음이기 때문이다.
곧이어 맑음은 두뇌의 고급경혈들, 백회를 필두로 서서히 개혈하면서 존재의 근원, 위대한 실체의 모습과 함께한다.

집중의 정신통일은 현상계를 벗어난 초자연적 경험을 맞이하게 된다. 이것은 개인적 자아, 즉 물리적이며 경험적 제한으로부터의 해방이다.

따라서 물리적, 경험적 자아에 구속받지 않으면서 모든 것 속에 있고 또 모든 것 너머에도 있는 존재의 근원, 본성을 발견할 수 있는 계기가 된다.

묘한 작용은 내 의식이 아니다. 다시 말해 자아의 인식이 아니라 내 속에 있는 순수존재가 스스로 인식하는 것이다. 그들은 불성이며 성령이며 대자연으로, 내 속에서 스스로 운용되고 있다.

백회의 개혈에서 관음의 만남은 내가 하는 일이 아니라 내 의식 바깥일이다. 곧이어 관음이 주관하는 천목혈과 뇌호간의 이근원통 역시 내 의식은 전혀 관계할 수 없다.

모든 수행의 과정은 대자연이 인식하고 있으며, 무심의 나는 더 이상 개인적으로 한정된 자아나 육체에서 분리되지 못한 영혼이 아니다.

부연하면 묘한 작용은 의식의 개입이 전혀 없는 상태에서 일어난다는 사실이다. '마음을 깨끗하게 유지할 거울'로 인식하는 것은

의식의 작용이다. '마음은 본래 없다'는 공空도리야말로 무위의
변이다.

이러한 일들은 나의 본체(진아)는 존재하는 모든 것으로부터 분
리된 것이 아니라 존재하는 모든 것과 더불어 하나 속에서 찾을
수 있는 것이라는 사실을 인식하게 한다.
이 본체는 나 자신의 개인적 실체를 부정하는 것이 아니라 그것
을 최고도로 확인하는 것이다.
그것은 하나 속에 있고, 하나와 함께 있는 '참 본체(진아)'의 발견
에 묘용이 앞장선다.

대천문大天門

갓난아이의 잠자는 모습은 마치 하늘나라 천사가 내려와 잠이 든
것과 같다. 뽀얀 살결이며 예쁜 미소, 새근거리고 자는 표정은 보
는 이로 하여금 빙그레 미소를 띠게 한다.
헌데 숨을 쉬는 모습이 예사롭지 않다. 숨을 쉴 때마다 아랫배 전
체가 조용히 움직이며 그것도 부족하여 두정의 백회혈이 소록소
록 연체동물처럼 움직인다.

서양의학의 견해로는 호흡은 폐의 역할로 가슴 부위로 숨을 들이쉰다. 하지만 원래의 숨은 유아들의 숨처럼 복식호흡이 정석이다. 하복下腹의 긴 호흡은 생명력을 증가시켜 질병의 예방과 치료를 주관한다.

따라서 단전호흡이란 가슴으로 쉬는 흉식호흡에서, 유아의 숨 쉬는 모습 그대로 하복호흡과 더불어 두정호흡으로 다시 되돌아가는 모태의 호흡법이다.

한의학에서는 수승화강(水昇火降; 신장의 찬 기운은 위로 올라가고 심장의 뜨거운 기운은 아래로 순환함)이 건강의 필수다. 건강은 수승화강이 조화와 밸런스를 이룰 때 얻어진다.

도교의 소주천과 동일한 그림을 연상한다. 정신통일은 우리 몸에 활기를 만들면서 수승화강의 에너지를 증폭시킨다. 장기의 기능 저하를 막아주고, 답답하게 막혔던 경혈을 창문 열듯 개혈하며, 기경팔맥의 비상통로를 개척한다.

기경팔맥은 인체의 360혈을 관리 감독하는 8개(임맥, 독맥, 대맥, 충맥, 음·양유맥, 음·양교맥)의 특수부대다. 정진의 시간이 쌓이면 임·독맥의 회로가 열려 활기가 충만하며 에너지의 장막이 확장됨을 느낀다.

때로는 가끔씩 두정頭頂에 압박감이나 무엇이 꾹꾹 누르는 감이 일어난다. 이러한 현상은 본인의 의식과는 전혀 관계가 없다.

줄탁지기다. 병아리가 껍질을 벗고 세상에 나올 때 어미 닭이 부리로 쪼아 도와주는 것으로, 소주천의 완성은 곧이어 백회의 개혈로 연결된다.

그러나 하늘의 도움이 없으면 십 년의 세월도 모자라 평생을 허비할 수도 있다. 필자 역시 30여 년의 정진 끝에 비로소 이 자리에 올 수 있었다.

하지만 앞서가는 스승을 만나면 불과 3-4개월의 짧은 수행 과정으로도 개혈할 수 있다. 그 이유는 전등傳燈이다. 물론 그것 자체는 스승의 법력 덕분이다.

수행의 경지를 3단계로 나누면 첫 번째는 구경하는 경지, 두 번째는 정착의 경지, 세 번째는 완성의 경지다. 본인의 법력을 경주하기 위해서는 1-2년 각고의 정진이 뒤따르는 것은 불문가지다.

소주천은 의식적으로 기를 모으는 단전호흡이 주가 되지만 백회가 개혈되면 생활 속에서 언제든지 하늘의 기운을 받아들여 생활행공이 가능해진다. 마치 스스로 조절되는 자동장치처럼 '행주좌와 어묵동정'의 어떤 자세에서도 하늘의 기운을 운행할 수 있다.

기운의 운행은 자가自家치료 능력이 자연적으로 발생하여 장기의 기능 저하로 인한 만성질환을 완치할 수 있다. 두뇌의 고급경혈인 천목(인당)혈, 태양혈은 백회의 개혈 이후 자연스럽게 개혈된다.

물론 그 핵심에 하늘의 소리, 관음觀音이 보조를 맞춘다. 이때쯤 종합병원에서 포기한 심장병, 말기암 등 불치병의 자가치료는 물론, 의료업 종사자들은 환자들을 치료할 수 있는 개가를 올릴 수 있다.

돌부처마냥 앉아서 깨달음을 찾는 제자에게 '기와를 갈아서 거울을 만들겠다!'는 억지 비유는 '좌선만으로는 결코 도를 얻을 수 없다'는 것을 의미한다. 이러한 조사들의 법문은 백회가 열려야만이 비로소 이해할 수가 있게 된다.

한편 백회의 개혈은 6단계의 층으로 구분되어 있어 두정의 느낌만으로는 백회의 개혈이라 말할 수 없다. 개인적으로 차이는 있지만 대략 한두 단계의 느낌은 지난 생의 정진력이 이월된 것이 대부분이다. 하지만 다른 이들보다 빠른 시간에 백회의 완성을 기대해도 좋다.

백회와 단전으로 연결되는 충맥이 완성되는 시기는 백회의 마지
막 6단계의 개문과 연결된다.(아래 그림 참조)

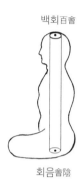

하늘의 소리, 관음觀音

몰아沒我는 맑음의 출발점이다. 나를 없앤다는 것은 '나가 없어져
라. 나가 없어졌다!'며 외우는 주문이 아니다. '나고 죽는 나를 없
애면 그 자리가 극락이다(生滅滅已 寂滅爲樂).'
그 첫 번째 작업이 정신통일이다. 나라는 아상我相이 조금씩 녹아
나면 존재의 근원, 대자연과 코-드를 점점 같이한다. 대자연과의
동화는 오관으로만 감지했던 것과는 또 다른 초자연계의 선험이
나타난다.

그 첫 번째가 전자기장의 자력감이다. 흔히 기氣라고 부르는 자력감은 기수련가의 전유물만은 아니다. 이것은 생명력의 파장인 전자기장으로 자력감과 뜨거움으로 누구나 손바닥에 자연스럽게 나타난다. 특히 어린이들은 쉽게 감응이 나타난다. 맑음에서 감지되는 묘한 작용과 묘한 촉감의 시작점이기도 하다.

에너지의 파장에서 느껴지는 묘한 작용은 경혈의 존재에 이어서 두뇌의 고급경혈인 백회를 개혈하고 그 다음에는 하늘의 소리, 관음을 등장시킨다.

물론 이런 과정이 단 한순간에 이루어지는 것은 아니다. '무소의 뿔처럼 혼자서 가고,' '백척간두에 진일보'의 정진만이 간신히 이곳에 도달할 수 있다.

관음수행자가 머무는 공간에는 관음의 향기가 진동을 한다. 찬란한 칠색 무지개와 함께 관세음보살의 화신이 언제나 수행을 이끈다.

관세음보살은 천 개의 손과 천 개의 눈을 가진 보살로 칭해진다. 불 속에서 관세음보살을 부르면 불이 얼음처럼 차게 된다.

또 물에 빠져 관세음보살을 찾으면 깊은 물이 얕아지게 된다. 요샛말로 수호천사와 같은 존재다.

현실 속에서는 감히 상상도 할 수 없는 일로 어떤 이들은 모두 지어낸 말이라 믿을 수 없다고 부정한다. 하지만 관음을 득하면 그 장엄함에 이성적으로는 이해가 불가능한 신비로움에 빠진다.

더욱이 놀라운 사실은 관음수행법은 일세해탈의 법문으로 고대로부터 비밀리에 전해져 내려와 세계의 모든 종교경전에 반복해서 묘사되고 있다는 사실이다.

성서에는 태초의 말씀(word)으로 묘사되고, 이슬람교의 시조 마호메트는 동굴 속의 깊은 침묵의 기도 중 가브리엘 천사의 인도로 새로운 아침을 맞는다고 서술하고 있다.

이 모든 정보의 중심에는 언제나 소리의 화신, 관세음보살과 가브리엘 천사가 있다.

관음과 무위

저자는 20여년의 기공수련을 통해 기수련의 종결자로 자처했다. 그러나 관음에 대한 새로운 정보로 또다시 초발심의 구도자로 변모하여 관음수행에 매진하게 되었다. 결국 3년여의 용맹정진도 허사라, 하는 수없이 하산하기로 결정했다.

그런데 그 누가 알았으랴! 인위人爲가 아닌 무위無爲의 끝자락에서 가브리엘 천사를 만나게 되었음을. 가톨릭 신앙의 바탕 위에 관세음보살을 잘 몰랐던 시절의 일이다.

관세음보살은 산스크리트어로 아바로키테스바라Avalokitesvara이다. 현장스님은 관자재보살이라 옮겼다. 관자재觀自在는 '제 속을 들여다보는 내관內觀'의 뜻이다.

관음觀音을 수행하는 2개의 국외파 단체들이 세계 각국에서 활동 중이다. 베트남 출신 청해무상사와 인도의 다카르싱을 추종하는 수행인들이다. 자기 단체가 관음수행의 원조라고 서로 주장하면서 국내에서도 무려 200여 개의 지부를 결성하여 활동 중이다.

'신神을 체험하라'며 신비의 캐치프레이즈를 내세워 일세해탈을 꿈꾸는 수행인들을 부르고 있다. 어떻게 내관內觀하고 어떤 방식으로 수행해야 하며 언제 관음을 맞이할 것인가?에 대한 구체적인 방법은 뒤로하고, 입회만으로도 5대 조상들을 해탈시키고 지난 생의 업장을 녹일 수 있으며 완전 채식과 생명사랑 정신에 정성을 다하라고 선전하고 있다. 그러면 스승의 법력에 관음을 득할 수 있다고!

그러나 그들의 주장과 관음수행과는 무관하다. 하늘의 소리, 관음은 맑음을 증득하면 저절로 나타나는 것이다. 스승의 특별한 가피가 있어서 얻어지는 것은 아니다.

물론 앞서가는 스승의 법력이 맑음을 증폭시켜 도와줄 수는 있겠지만 완전한 채식이나 또 어떤 생명존중의 사상이 깊이 사무쳐야만이 되는 것은 아니다. 그 해답은 오직 맑음뿐이다.

더구나 백회의 개혈 없이 나타나는 관음은 무늬만 '하늘의 소리'일 따름으로 아무런 법력이 나타나지 않는다. 백회가 열린 수행자만이 관음의 법력을 나툴 수 있고 또 후학들에게 전등할 수 있다. 그렇다면 특별한 수행의 비법이 비밀리에 전해오는 것은 아닐까? 하고 생각할 수도 있겠지만 그렇지 않다. 백회의 개혈과 관음의 조우는 우리의 의식과는 전혀 상관관계가 없다.

'구하거나 의지하지 않고 상을 짓지 않는' 수행자의 맑음이 그 수준에 이르면 누구나 자연스럽게 백회가 개혈되고 곧이어 먼발치에서 하늘의 소리, 관음을 만나게 된다.

맑음이 곧 법력이며 자정 능력이다. 이들은 지난 생에서 이월된 업장소멸을 주관한다. 백회의 개혈은 육신의 탁기를 제거하면서 온갖 질병에서 해방되어 건강을 지키고 또 마장의 그늘에서 벗어나는 행운을 약속한다.

덧붙여 관음은 지난 생의 카르마를 녹이면서 다음 단계인 천목혈의 개혈과 이근원통을 유도한다. 이때쯤 5대 조상의 천도와 일세 해탈을 기대해도 좋다.

관세음보살

관세음보살觀世音菩薩은 언제부터 경전에 등장하는가?

불교사에 관세음보살이 등장한 것은 AD. 1세기 이후로 짐작한다. 원시불교에는 말할 것 없고 대승불교 경전에서도 초기 경전에 속하는 『대반야경』에는 나타나지 않는다. 대승경전에서 후기 경전에 속하는 『화엄경』 입법계품에 선재동자가 관세음보살을 찾아가는 대목이 나온다.

『법화경』 보문품에 관세음보살이 수호천사와 같은 존재로 그려져 있다. 불 속에서 관세음보살을 부르면 불이 얼음처럼 차게 된다. 물에 빠져 관세음보살을 찾으면 깊은 물이 얕아지게 된다. 예측불허의 험난한 역사 속에서 순간마다 위기의 인생을 살자니 관세음보살 같은 손길을 간절히 바라게 된다. 그리하여 관세음보살의 천 개의 눈과 천 개의 손이 징그럽기보다는 자애롭게만 느껴졌을 것이다.

불교 경전 중 특히 대승경전에는 부처와 보살들을 등장시켜 오의奧義의 설법을 하게 하였다. 거기에 33천의 천신을 비롯하여 악마와 야차들까지 등장시킨다. 석가는 분명히 천신들도 생로병사의 법칙 아래 있다고 하였다. 그러면 천신계는 상대세계지 절대계를 말하는 것이 아니다.

『벽암록』 89칙에는 선사 운암雲巖과 도오道吾가 관세음보살에 대해 문답하는 내용이 나온다.

운암이 도오에게 "천수관세음보살은 천 개의 손과 눈을 갖고 있는데 그걸 어디에 쓸까요?" 하고 묻자, 도오가 대답하기를 "한밤중에 자다가 베개를 놓쳤을 때 더듬어 찾는 것과 같지." 라고 대답하였다. 운암이 "잘 알겠습니다."라고 대답하였다. 도오가 다시 "그래 어떻게 알았단 말인가?" 하고 물었다. 운암은 대답하기를 "온몸에 두루 손과 눈이 있다는 거지요."라고 대답하였다. 도오가 다시 말하기를 "네 말이 그럴듯하다만 아직 안 되겠다."고 말하였다. 운암이 물었다. "그럼 사형께서는

어떻다는 겁니까?" 그러자 "온몸이 그대로 손과 눈이지."라고
도오가 대답하였다.

운암과 도오의 선문답은 참으로 귀중한 말이다. 과연 선사다운
대화이다. 온몸이 손과 눈인 것은 온몸이 귀요 입이요 손이요 발
인 것이다. 이는 형이하학의 세계에서는 바람이다.
바람은 온몸이 손이요 발이요 귀요 입이요 눈인 것이다. 예수는
성령이 바람과 같다고 하였다. 과학적으로 묘사할 수 없는 옛 시
대라 '에너지의 파장'을 바람으로 설정한 것 같다.관세음보살은
맑음의 파장이다.(박영효의『불교사상』중에서 일부 발췌)

◉ 천목혈(제3의 눈)

이마 중앙에 위치한 제3의 눈은 고대로부터 전해오는 높은 스승
들만의 통찰력이다. 인간내면의 지혜를 일깨워 마음법의 진수인
진리를 정확하게 바로 볼 수 있는 정견正見의 핵심인 무상無上의
법문이다.
불가佛家에서는 부처님의 제3의 눈으로 칭송되며 혜안, 불안,
법안으로 존칭되는 서방정토의 출입문이며 이근원통의 진원지

이다.

성경에서는 '좁은 문'으로 표기되며 상징적으로 해석되지만, 그 곳에 도달해보지 않으면 성서의 구절을 이해하기가 힘들다. 특히 힌두교에서는 이마 한 중간에 점을 칠하는 것으로 수행의 목표점을 여실히 나타낸다.

이러한 전통이 오늘의 가톨릭에서도 남아 있어 세례 시에 이마에 성유聖油를 바르는 종교의식으로 전해져오고 있다. 이처럼 세계 4대 종교 모두에 형식으로 남아 있어 그 신비함을 더하고 있다. 그곳은 인간이 신으로 나아갈 수 있는 해탈의 문이며 절대계의 초입이다. 또 윤회의 굴레를 벗어나 대자유인으로 환골탈태할 수 있는 최상의 법문으로 비밀리에 전해져오고 있다.

그 비밀을 풀기 위해 여러 가지의 해법들이 등장한다. 그중 몇몇 외국단체가 입에서 입으로 전해지는 부처의 최고법을 전수한다며 국내로 슬그머니 유입되어 신비감을 부추기고 있다. 그중 하나가 미륵불이다. 대만에서 출발한 포대화상의 미래불을 모시는 불교단체다. 이마 한 중간에 의식을 동원하여 집중하는 참선법을 개발하여 한의학의 수승하강의 논리를 앞세워 포교활동을 하고 있다.

또 다른 하나는 관세음보살의 화신을 앞세워 일세해탈을 꿈꾸는 단체다. 베트남 출신의 비구니 청해무상사도 이마의 천목天目혈에다 집중을 요구한다.

입문하는 즉시 깨달음을 얻을 수 있으며, 관음을 득하면 일세해탈과 함께 5대조 조상의 업장을 녹여 자유인이 될 수 있다는 것이 포교의 캐치프레이즈다.

그들과 유사한, 인도의 다카르싱을 추종하는 단체도 국내활동이 대단하다. 청해무상사의 스승임을 자처하며 유기농법과 선수행을 포교의 거점으로 활용하는 관음법문 단체다.

국내의 모 수련단체에서도 비법이 공개된다. 대선사가 공개하는 비법이라며 자기최면을 소개하고 있다. 이마 한 복판에 딱따구리가 긴 부리로 경혈을 쪼아서 열고 있는 그림을 그리는 자기최면법이다.

또 자기 스스로 견성見性한 수행자로 자처하는 작가 출신의 기수련가는 입정入定시에 천목혈을 집중하면 개혈할 수 있다고 주장한다. 그러면서 딱따구리보다 한수 위인 터널을 파는 굴착기를 동원하는 의념의 그림을 요구하고 있다.

그러나 위에 기록된 모든 방법을 다 동원해도 제3의 눈을 개혈하였다거나 지혜의 통찰력을 얻었다는 소식은 아직 없다. 오직 이들의 기법을 주장하는 그들 단체장의 목소리만이 유일하다.

그들의 말을 그대로 믿고 따라가면 지혜는커녕 영적 장애에 노출된다.

이것은 두뇌의 과부하 현상으로 상기병으로 분류되지만, 두뇌질환으로 연결되어 정신분열증을 일으킬 수도 있다. 정말 위험천만한 일이다.

군이 비법이라 하여 숨길 필요도 없고 비밀이라 하여 감출 것도 없다. 불전에서는 '깨달음을 얻으면 지혜의 눈이 열리며 혜안이 개안되면 깨달음을 얻을 수 있다'고 전한다.

번뇌 망상의 중생도 '육근六根을 쉬게 하는 무심'을 이루기만 하면 지혜(반야바라밀)를 얻을 수 있음을 누누이 설명하고 있다.

문) 이근원통이란?

답)『능엄경』에서는 이근원통은 이근耳根을 통하면 6근(안이비설신의) 중 나머지 5근이 하나로 만나게 되어 원통을 이루게 됨을 설명하고 있다.

다시 말하면 본성, 즉 불성을 어떻게 깨닫고, 해탈을 어떤 방법으로 하는지에 대한 수행방법으로 관세음보살이 증득하고 가르친 유일한 수행법이다.

이 수행법은 듣는 것이 아니라 소리를 관觀한다고 한다. 그리고 하늘의 소리, 관음을 득함으로써 원통(완전히 통함)을 이룰 수 있다. 관음보살은 '온전히 통함(圓通)'을 이룬 성자이므로, '이근원통耳根圓通 관세음보살'이라고도 한다.

소리는 귀가 들을 수 있다. 그러나 관음觀音은 귀로 듣는 소리가 아니라 귀와 소리가 함께 공하여 주객이 사라지고 '맑음의 성품(청정)'이 오롯이 드러나면 법음(하늘의 소리), 해조음(파도소리), 승피세간음(세상에 존재하지 않는 소리)을 득하게 된다.
따라서 청정은 오관을 초월하면서 존재의 근원, 그 본바탕의 모든 것을 두루 아는 지혜, 반야般若와 함께한다.

그렇다면 관음은 추상적이고 관념적 개념으로 끝나는 것인가? 그러나 그렇지 않다. 백회의 개혈 이후 나타난 관음은 이마 앞 천목혈을 개혈하고 이어서 뒷머리 뇌호혈(옥침관)로 둥근 원형의 터널을 개통한다.
사실적 원통의 모습이 실제로 존재함을 과시한다. 그 중심에 관음이 묘한 작용(妙用)을 대동하면서 완성을 향해 '백척간두 진일

보'한다.(아래 그림 참조)

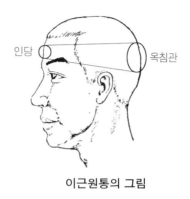

이근원통의 그림

문) 관음은 변하는 것인가요?

답) 관음을 체험하지 못한 수행자들의 대다수가 상징적 언어를 현실로 착각하는 해프닝으로 여기며 이 소리를 환청이라고 말하고 있다.

하지만 경혈의 존재도 눈에는 보이지 않지만 그것을 경험해본 사람은 알 수 있듯이 관음도 체험한 이들만이 들을 수 있는 아주 특별한 것이다.

초기의 관음수행자는 소리가 항상 변화하는 것을 체험한다. 그 소리는 대단히 민감하여 수련을 게을리 하여 퇴보하거나 혹은 영적인 침해를 겪는 경우에는 아무리 찾아도 들리지 않는다.

또 본인의 수련 정도와 현재의 공간적인 상황에 따라서 관음이 들리는 부위와 소리의 형태도 각기 다르다.

관음은 귀가 들을 수 있는 소리가 아니다. 또 어떤 특정한 한 부위에서만 들리는 것도 아니다. 초기에는 뒷머리 부위에서 들리는 듯 저 멀리서 들린다.

기수련자가 기운의 파장으로 현재의 수행상태를 점검할 수 있듯이 관음수행자는 수행이 깊어지면서 소리의 모습으로 바로 현재의 수행상태를 점검할 수 있게 된다.

이때가 되면 『수능엄경』의 '관음은 범음, 해조음, 승피세간음이 존재한다'는 구절이 저절로 이해가 된다. 『법화경』에도 내면의 소리인 관음에 대해 그 종류를 언급하고 있으며 음류의 존재를 확실히 한다.

"이 소리를 만나면 수행인은 업장의 사슬로부터 해방되어, 자유를 찾아 윤회의 굴레를 벗어날 수 있음을 의심하지 말라"고 전해진다.

모든 사람에게 불성佛性이 있는 것처럼 하늘의 소리, 관음도 우리 모두의 내면에 분명히 존재하고 있다. 단지 그것을 알 수 없는 이유는 우리의 육신과 영혼이 업장으로 오염되어 있기 때문이다.

관음은 내가 필요한 때에 언제든지 나타나 육신을 최고의 컨디션으로 만든다. 과로로 인한 감기, 몸살로 내 몸에 병이 생기거나 혹은 마장에 걸려 수련의 장애가 있을 때는 저절로 증폭되어 나를 보호한다.

수행이 일정한 수준에 이른 고급 수행자는 때때로 업장소멸의 한가운데서 고통을 받기도 한다. 이때, 기다렸다는 듯이 관음이 기운을 크게 일으켜 수련자를 보호한다. 눈여겨보면 맑음 안에 관음이 가득차고 관음 안에 순수 기운이 존재한다.

관음수련은 백회의 개혈 이후 출현하는 것이다. 백회의 개혈 없는 관음은 아무런 법력을 나타내지 못하는 진동음에 불과하다. 바꿔 말하면 온몸이 단전화가 되는 대주천의 경지에 이르지 못하면 진정한 관음이라 말할 수 없다. 더욱이 오욕칠정에 빠져 戒를 잘 지키지 않아 맑음을 잃으면 관음은 어느 날 사라진다.

한편 관음이 중요하다 해서 소리에 대해 집착하면 엉뚱한 결과를 낳아 가짜 관음을 만들어 내기도 한다. 인위로 관음의 그림을 그리거나 천목혈의 개혈을 의식적으로 주도하면 관음을 가장한 마구니에 의해 영적 장애를 받을 수 있다.

관음은 우리의 의식의 작용이 쉬고 멈출 때 나타나 '함이 없는 함'으로 진행된다. '구하지 않고 의지하지 않고 상을 짓지 않는' 올바른 정신통일의 선정에 들어선 청정수행자만이 소리를 득할 수 있다.
관음의 출현은 앞서가는 스승의 영안靈眼에는 관세음보살 화신의 등장으로 목격된다. 이어서 지난 생의 업장소멸을 주도하면서 가까이는 육신의 질병과 집안의 모든 우환과 사업상의 난관에서 벗어날 수 있는 관세음보살의 자비의 손길을 베푼다.

본회 고신도古神道의 관음수행자는 자타일여의 법력이 펼쳐지면서 시간과 공간을 초월하는 전등이 이루어진다. 후학들에게는 맑음을 전등하고 상대방에게는 건강을 진단함과 동시에 막힌 경혈을 풀어서 질병을 치료하는 능력이 탁월하다.
이것은 맑은 물로써 탁한 물을 정화하는 것과 같아 시간이 흘러 정진이 쌓이면 서로가 맑음을 공유할 수 있게 되어 후학에게는 깨달음을, 환자에게는 근치를 약속할 수 있다.

🔘 카르마

우리의 삶이 한 번으로 끝나는 것이 아니라 다음 번의 삶으로 윤회하여 태어난다는 불교의 윤회설은 카르마의 존재를 알리는 기초가 된다.

흔히 말하는 창조주나 신의 의지에서 비롯되는 것도 아니고 그렇다고 우연에 의한 것도 아니다.

그것은 우리 자신의 행위의 결과로서 자신이 뿌린 대로 거두게 된다. 결코 우연이거나 강제적으로 어떤 특정한 모습으로 환생하게 만드는 경우는 없다.

윤회는 모든 생명의 생사의 법칙이요, 순환의 대세다. 가을의 낙엽에서 초봄의 새싹이 그 실례다. 그 무엇보다도 윤회의 설정이 없이는 인간 삶의 도덕성이 불가능해지며 선업善業에 대한 요구가 근원적으로 성립할 수가 없다.

윤회는 삶의 현실이다. 그 삶을 벗어나는 죽음이 그 삶의 행복을 보장할 수는 없는 것이다.

그러면 윤회는 진리인가? 아니면 윤회설은 애당초 성립하지 않는 것일까? 그럴 수는 없다. 윤회는 모든 존재의 기반이다.

윤회를 전제로 하지 않는 존재를 생각할 수도 없고, 윤회의 전제가 없는 불교는 생각할 수도 없다.

과학적으로는 증명할 수 없지만 사실 윤회는 이론이기 전에 하나의 사실이요, 구원이기 전에 하나의 현실이다.

윤회란 영혼의 쉼 없는 여정이다. 무속신앙과 종교들은 영혼의 윤회와 환생에 대하여 가르쳐왔다. 불교와 힌두교는 물론 초기의 유태교에서도 윤회는 진리였다.

가톨릭의 초기성서에도 윤회의 가르침이 있었지만 서기 553년 제3차 공의회에서 윤회의 이론을 이단으로 규정함으로써 사악시되었다.

그럼 윤회의 삶은 어떻게 이루어질까? 보통은 우리의 생각과 언행이 종결되면 허공으로 흩어져 소멸된다고 생각한다. 하지만 소리가 여울로 변하여 파장의 에너지로 흩어지듯 언행도 똑같이 에너지로 각인되어 다시 이월된다.

그래서 매 순간마다 우리는 과거 행위의 결과를 경험하고, 현재의 생각과 언행이 내일의 미래를 만들고 있다. 죽음의 순간, 우리 행위의 총합이 다음 생의 시나리오가 된다.

우리가 심은 씨는 싹을 틔워 꽃으로 피어나든지 아니면 독초로 자란다. 이것이 행과 불행의 갈림길이 된다. 우리는 자신에게 일어나는 일에 관대해야 한다.

지금의 나에 대해 비난할 것은 나 자신밖에 없으며, 나는 과거의 결과일 뿐이고 또 미래는 나의 손에 달려 있기 때문이다.

그렇다고 무조건 받아들이자는 것은 아니다. 우리는 오늘의 삶에서 이러한 카르마에 긍정적이거나 부정적인 행위를 덧붙이거나 삭제할 수 있으며 그것을 여러 가지 방향으로 수정할 수도 있다. 마치 탁자 위의 물을 마시고 안 마시고는 내게 달린 것과 같다. 이것은 우리가 금생의 삶 속에서 수행을 반드시 실천해야 하고 또 깨달음을 득해야 할 이유이기도 하다.

하지만 세속의 향락과 욕망을 뒤로 하고 초발심으로 무장한다고 해서 쉽게 얻어지는 것은 아니다. 그 이유는 깨달음의 길이 그렇게 호락호락하지 않기 때문이다.

불경이 팔만 사천 길을 설명한다고 하지만 그것은 이론의 세계일 따름이다. 오로지 업장의 소멸 없이는 절대로 불가능하다.

우주는 무시무종이다. 총체적인 현상으로서 일정한 조건의 제약을 받는 세계에는 시작도 끝도 없다. 하지만 유일하게 인간의 존재는 각기 자기 의식의 흐름을 정화하고, 그 의식을 초월하여 깨달음에 다다름으로써 이 악순환의 꼬리를 자를 수가 있다.

그때서야 비로소 환생의 순환고리에서 벗어나게 된다. '우리는 누구에게나 부처가 될 수 있는 불성을 가지고 있다'는 법어는 우리에게 희망을 가지게 한다.

깨달음을 얻지 못하는 이유가
훌륭한 스승을 만나지 못해서도 아니고
게으름을 피워서도 아니다.
그 이유는 오직 하나, 카르마의 존재를 모르는 탓이다.
업장소멸만이 비로소 견성見性을 약속한다.

그 힘은 집중의 정신통일이지만
그것만으로는 부족하다.
최상승의 고급법문, 하늘의 소리(觀音)를 득해야만이
마지막 카르마를 벗겨낼 수 있으니……

김성갑

• 한국 선도회 회장

• 고신도 도주道主

• 저서:『선이란 무엇인가?』,『하늘의 소리』外

http://hksundo.com

http://cafe.daum.net/hksundo

한국선도회 010-5537-0260(종로구 인사동)

부산지원 070-8153-0260(서면 롯데백화점 뒷편)

마음공부와 선 – 관음수행법

초판 1쇄 인쇄 2013년 5월 30일 | 초판 1쇄 발행 2013년 6월 7일
지은이 김성갑 | 펴낸이 김시열
펴낸곳 도서출판 운주사

(136-034) 서울 성북구 동소문동4가 270번지 성심빌딩 3층
전화 (02) 926-8361 | 팩스 0505-115-8361
ISBN 978-89-5746-341-3 03220   값 12,000원
http://cafe.daum.net/unjubooks 〈다음카페: 도서출판 운주사〉